JN269890

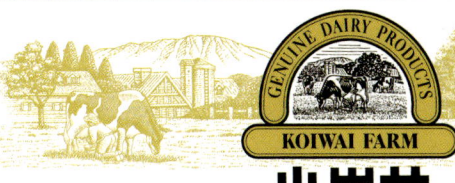

小岩井

ヨーグルト レシピ

生乳100%

乳酸菌でまろやかヘルシー！

ヨーグルトは、乳に乳酸菌を加えて発酵させた発酵食品。乳酸菌には、腸内環境を整える働きがあると言われ、近年、再び注目されています。
「小岩井 生乳(なまにゅう)100%ヨーグルト」は、生乳と乳酸菌だけを使い、じっくり長時間発酵させたヨーグルトです。その製法の違いは、開封してみたときにわかるはず。ヨーグルトが固まっておらず、とろ〜り、なめらかな質感を保っているのですから。

●● **はじめに**

お皿へ移すのに、スプーンを使う必要はありません。
そのまま、流すように注げばいいのです。
パッケージが丸形ではなく、三角になっているのはそのため。
角のところからきれいに注ぐことができます。

また、あまりすっぱくないのも特徴です。この味を実現できたのは、乳酸菌の種類や、こだわりの長時間前発酵製法によるもの。お砂糖を入れなくてもおいしい、そんなヨーグルトになりました。果物にとろ〜りとかけるだけで、おしゃれなデザートができあがり。
さらに、「おなかの調子を整える食品」として、「トクホ（特定保健用食品）」に認定されています。

でも、このヨーグルトの実力はそれだけではないのです。
サラダやスープに使えるほか、お肉や野菜を漬けこんだり、
ソースにしたりと、あらゆる料理へのアレンジが可能。
もちろんおいしいスイーツだってお手のものです。

さらに、水切り（ドリップ）すれば、生クリームやフレッシュチーズの代わりにも。応用範囲はどんどん広がっていきます。
おいしいうえに、とってもヘルシー。"使える"万能食材のヨーグルトを、もっと知って使ってほしい。そんな社員の提案が詰まったレシピをご紹介します。

CONTENTS

- 2 — はじめに
- 10 — ヨーグルトの栄養価
- 12 — ドリップヨーグルトの作り方
- 14 — 本書のレシピを作る前に

第1章 ヨーグルトに混ぜるだけ！

- 16 — ビタミンCで美肌美白
  いちご／キウイ／オレンジ
- 18 — 食物繊維で腸内美人
  パイナップル／プルーン／りんご
- 20 — アントシアニンで瞳イキイキ
  ミックスベリー
- 21 — オリゴ糖でお腹すっきり
  バナナ／はちみつ
- 22 — イソフラボンでアンチエイジング
  黒豆／きなこ
- 23 — ミネラルで健康美人に
  フルーツ・グラノーラ

- 24 — column みずみずしさ復活！
  ドライフルーツの一夜漬け
  レモンピール／ミックスフルーツ
  ／マンゴー／ブルーベリー／レーズン
- 26 — column おもてなしにもおすすめ！
  ヨーグルトフルーツフォンデュ

第2章 ドリンク&スープ

- 28 ヨーグルトシェイク3種
  バナナヨーグルトシェイク
  オレンジヨーグルトシェイク
  いちごヨーグルトシェイク
- 30 ホエイカクテルソーダ
- 31 レモンヨーグルトソーダ
- 32 シュワシュワラッシー
- 33 マンゴーラッシー
- 34 梅酒ラッシー
- 35 ワインヨーグルト
- 36 枝豆の冷製ヨーグルトスープ
- 38 じゃがいもとねぎのクリームスープ

- 40 column 電子レンジで手軽に作れる保存食
  ホエイピクルス

第3章 ディップ&サラダ

- 42 ディップ4種
  ハーブ&ガーリック／味噌／アボカド／ツナ
- 44 ホエイのドレッシングジュレサラダ
- 45 ホエイと玉ねぎドレッシングサラダ
- 46 カニカマのさわやかカレーサラダ
- 47 じゃがいものさっぱりサラダ
- 48 大豆のヨーグルトサラダ
- 49 ヨーグルトときゅうりのサラダ

- 50 column ヘルシーでまろやかに
  ヨーグルトMIXドレッシング
  中華ドレッシング／ごまドレッシング
  ／フレンチドレッシング／和風ドレッシング

第4章 野菜や肉のおかず

- 52 — 鶏とキャベツのごまヨーグルト和え
- 53 — わかめの白味噌ヨーグルト和え
- 54 — サーモンのさっぱりヨーグルトマリネ
- 56 — ドリップヨーグルトのキッシュ
- 58 — アスパラチーズのオーブン焼き
- 59 — キャベツカレーチーズの重ね焼き
- 60 — 豚肉のソテー　ヨーグルトソースがけ
- 62 — 鶏の和風ヨーグルト漬けグリル

- 64 — column やわらかジューシーに!
  肉・魚のヨーグルト漬け
  ヨーグルト + 味噌 + さわら
  ヨーグルト + カレー粉 + 鶏もも肉
  ヨーグルト + 粒マスタード + 豚ロース肉

第5章 ごはんもの

- 66 — キーマカレー
- 68 — ヨーグルトの雑穀ホワイトリゾット
- 70 — ヨーグルトちらし寿司
- 72 — 冷製ヨーグルトパスタ
- 74 — ツナとトマトクリームパスタ
- 76 — そうめんの和風ヨーグルトソースがけ
- 78 — かぼちゃとペンネのグラタン
- 80 — サンドウィッチ2種
  スモークサーモンのオープンサンド
  ローストビーフのオープンサンド

- 82 — column
  ヨーグルトができるまで

第6章 デザート

- 88 ヨーグルトシャーベット2種
   ブルーベリーシャーベット
   オレンジシャーベット
- 89 ヨーグルトパフェ
- 90 ヨーグルトゼリー オレンジ添え
- 92 生乳トライフル
- 94 大人のヨーグルトティラミス
- 96 さわやかヨーグルトムース
- 98 ゼリーとドリップヨーグルトのヴェリーヌ
- 100 ヨーグルトのクレームダンジュ風
- 101 ハニーベジフルのヨーグルト添え
- 102 ヨーグルトケーキ 大人のベリー
- 104 ホエイシロップのパンケーキ
- 106 ホエイシロップのフルーツあんみつ
- 108 ヨーグルトクリームのいちごどら焼き
- 110 黒豆のヨーグルト大福
- 112 キャラメルヨーグルトクリームの
   ココアダックワーズ
- 114 ヨーグルトおやつベーグル
- 116 ヨーグルトポムポム

- 118 column
   カロリーダウンのかんたんフローズンヨーグルト
   ヨーグルトMIXアイスクリーム
   バニラ/チョコレート/ストロベリー/抹茶

- 120 「小岩井」ってどんな会社?
- 122 商品ラインナップ
- 124 おわりに
- 126 INDEX

ヨーグルトの栄養価

今、大注目の発酵食品であるヨーグルト。
体にいい成分がたっぷりと入っています。
ここではヨーグルトに含まれる栄養素について解説していきます。

乳酸菌

健康の源になる免疫力を高めて、元気に美しく!

　ヨーグルトを語るうえでまず欠かせないのは乳酸菌!　乳酸菌は体内の最大免疫器官である腸を活性化します。

　腸内には100種類以上、約120兆個もの細菌がすんでいると言われています。腸内環境は善玉菌・悪玉菌のバランスによって左右されます。腸内に善玉菌が増えると悪玉菌が減るため、免疫力が高まり抵抗力がつき、病気にかかりにくい体になると言えるのです。腸内環境は、肌荒れやにきび、肩こりや冷え性、高血圧などにも影響すると言われていますから、いつも良好に保っておきたいものです。

　その善玉菌の代表格がビフィズス菌です。生きたビフィズス菌の働きにより、腸をきれいに保ち、おなかの調子も整えてくれます。

「小岩井 生乳100％ヨーグルト」は、「おなかの調子を整える」ことから、2004年に特定保健用食品の認定を受けました。

カルシウム、タンパク質

牛乳よりも吸収率が高い！
強い体作りに欠かせません

　ヨーグルトの原材料である牛乳には、歯や骨の成分となるカルシウムや、体のすべての構成成分であるタンパク質が豊富に含まれています。

　ヨーグルトは、カルシウムと乳酸が結びついているため、腸から吸収されやすくなっています。また、ヨーグルトに含まれるタンパク質は、乳酸発酵によって、牛乳よりも吸収されやすい形になっています。そのため、牛乳より少ない量でも効率よくカルシウムやタンパク質を摂ることができるのです。

その他

美容と健康に欠かせない
栄養素がいっぱい！

　ヨーグルトは、体を動かすエネルギー源となる乳脂肪が消化されやすい形になっていて、乳糖も分解されています。そのため、牛乳を飲むとおなかがゴロゴロする"乳糖不耐症"の人にもオススメです。

　また、ビタミンB_1、B_2、ビタミンAなども含まれています。特に糖質・脂質の代謝を促進するB_2が多く、運動量が多い人や妊娠中・授乳中の女性、成長期の子どもに不足しがちな栄養素が補えます。

社員オススメの食べ方①

ドリップヨーグルトの作り方

★ 基本

ドリップヨーグルトって何？

　最近話題の、水切りしてクリーム状になったヨーグルトのことです。水分が抜けてフレッシュチーズのような濃厚な味わいになり、幅広い料理に使えて便利！　小岩井乳業の社員イチオシの料理法です。

　分離した水分はホエイ（乳清）といい、乳酸菌はもちろんタンパク質、ミネラル、ビタミン、必須アミノ酸ほかさまざまな栄養素を含んでいます。捨てずに料理に使ったり、化粧水として使うなんて人も！

　ドリップ時間によってヨーグルトのかたさやホエイの量が変わってくるので、用途や好みで使い分けましょう。

▲**ドリップのやり方①**
コーヒー用ドリッパーにセットしたペーパーフィルターにヨーグルトを入れると、すぐにぽたぽたとホエイが溜まり始めます。ドリッパーやペーパーフィルターは100円ショップなどでも手に入ります。

◀**ドリップのやり方②**
ボウルなどに重ねたザルにキッチンペーパーを敷き、ヨーグルトを入れます。出てきたホエイがヨーグルトに触れてはドリップできないので、ザルが浸らないようにするのがポイント。

▼ 1時間ドリップ　※「小岩井 生乳100%ヨーグルト」400gをドリップした場合

1時間でもだいぶホエイが溜まってくる。

まだ滑らかな表面。トロトロ感も残っている。

220g

カスタードクリーム状のトロリとした食感。

▼ 3時間ドリップ

ヨーグルトとほぼ同量のホエイが溜まった。

水分（ホエイ）が減ってヒビも入りフィルターもめくれている。

170g

滑らかなアイスクリームくらいの質感。

▼ ひと晩ドリップ（約8時間）

ホエイが溜まりきった様子。コップになみなみ！

中央が陥没するくらい水分（ホエイ）が減っている。

150g

ごそっとしているくらいしっかりとした固まり。

本書のレシピを作る前に

使用するヨーグルトの種類

本書では、ヨーグルトをそのまま使うだけではなく、P.12のやり方で水切りしたドリップヨーグルトや、その過程で溜まったホエイを使うレシピも紹介しています。

- ヨーグルト …………そのままのプレーンヨーグルト
- 1時間ドリップヨーグルト
  …………1時間水切りしたプレーンヨーグルト
- 3時間ドリップヨーグルト
  …………3時間水切りしたプレーンヨーグルト
- ひと晩ドリップヨーグルト
  …………ひと晩水切りしたプレーンヨーグルト
- ヨーグルトのホエイ ……水切りしたとき溜まった水分

材料・作り方について

- 材料の分量は、1カップ=200ml、大さじ1=15ml、小さじ1=5mlです。
- 電子レンジの加熱時間は600Wのものを使用した場合です。
- レシピには目安となる分量や調理時間を表記してありますが、様子を見ながら加減してください。
- 飾りに使用した材料は、明記していない場合もあります。お好みで追加してください。
- 「野菜を洗う」「皮をむく」「へたを取る」などの基本的な下ごしらえは省略しています。

ヨーグルトのレシピについて

- 本書のレシピには、砂糖・香料・安定剤無添加のプレーンヨーグルトを使用しています。
- ヨーグルトは、原材料や乳酸菌の種類、製法によって味や食感もさまざまです。お好みに合わせて味を見ながら調整してください。

その他
- ブロメリン
- カリウム
- クエン酸

なども含まれます。

POINT
生の果実は
食べる直前に！

りんご

りんごの食物繊維「ペクチン」はビフィズス菌などの餌になってくれます。皮にはポリフェノールが豊富なのでよく洗って皮ごと入れましょう。

その他
- ポリフェノール
- ビタミンC
- カリウム

なども含まれます。

アントシアニン
で瞳イキイキ

ベリー類の紫色や赤色の色素です。目の疲れや視力低下に有効。眼精疲労には即効性もあるとされ、夜暗いときにも見えやすくなります。また、抗酸化作用も期待できます。

冷凍のミックスベリーは買い置きしておけばいつでも使える便利品。ビタミンCやβカロテンも豊富なのでおすすめです。

その他
- ビタミンC
- βカロテン

なども含まれます。

> ミックスベリー

バナナ

バナナが朝ごはんにいいのは、食べるとすぐにエネルギー源になり、それが持続されるため。ほかの栄養素もまんべんなく含まれます。

その他
- カリウム
- 食物繊維
- ビタミンC

なども含まれます。

その他
- ポリフェノール
- グルコン酸

なども含まれます。

はちみつ

こちらも即効性があり、疲れているときに元気が出ます。殺菌力もあり、腸内で有害な菌を殺してくれます。

オリゴ糖でお腹すっきり

オリゴ糖はブドウ糖や果糖などが結合して作られます。種類も多いのですが、小腸で吸収されず、大腸でビフィズス菌の餌となります。悪玉菌の活動も抑制する、腸の掃除屋さんです。

黒豆

黒豆は大豆の一種です。「畑の肉」とも呼ばれ、タンパク質のバランスがよく、さまざまな栄養が豊富。煮豆を使うと手軽です。

その他
- タンパク質
- カルシウム
- アントシアニン

なども含まれます。

その他
- タンパク質
- カルシウム
- ビタミンB群

なども含まれます。

きなこ

黄大豆や青大豆を粉砕したもの。調理しやすく、消化もいいのが特徴。保存がきくのでオススメです。

イソフラボン
でアンチエイジング

主に大豆に含まれるイソフラボンは、女性ホルモン「エストロゲン」に似た構造です。体内でも同じように働き、女性ホルモンが減少して起こる更年期障害や骨粗しょう症に有効です。

ヨーグルトに色が少しついて、
ふっくらとしたドライフルーツ
がのぞいています。みずみずし
く復活しているのがうれしい！

レモンピール
漬けるとほろ苦さが緩和され、
皮はもっちりとした状態になる。

ミックスフルーツ
数種類のフルーツを楽しめる。
食べやすく切ってあるのも◎。

ブルーベリー
復活度が高く、丸々と膨らむのでオススメ。
ヨーグルトもブルーベリー色に色づく。

マンゴー
ぷるんと見事に戻る人気アイテム。
色もツヤもきれいに復活する。

レーズン
手に入りやすいレーズンも、
シワが伸びるくらいもっちりと戻る。

> column

> 社員オススメの
> 食べ方 ❸

おもてなしにもオススメ！
ヨーグルトフルーツフォンデュ

ヨーグルトとフルーツを美しく、しかもおいしく食べるための新提案。
どちらも調理がいらないので
とにかくかんたんに作れるヨーグルトのドレスアップ！

例えば急なお客さまに気の利いたデザートを出したいとき、使えるテクニックがこれ。フルーツを切ってきれいに盛り付け、ヨーグルトを用意し、フルーツにソースのようにつけていただきます。ヨーグルトはそのままでも十分においしいですが、はちみつなどで少しだけ甘味をつけてもいいでしょう。

作り方 お好みのフルーツを食べやすく切って、氷の上にきれいに盛り付ける。スティックや串、フォークを添えて、別の器に入れたヨーグルトをつけていただく。

第 **2** 章

ドリンク&スープ

ヨーグルトのなめらかでトロリとした質感は
ほかには代えがたいもの。
また、生クリームよりもカロリーが低く、
乳酸菌が摂れるので生クリームの代わりとして
使うのもいいかもしれません。
夏にぴったりのさわやかドリンクと
酸味を活かしたさっぱりとしたスープをご紹介します。

オレンジ
ヨーグルトシェイク

バナナ
ヨーグルトシェイク

いちご
ヨーグルトシェイク

アイスとミキサーで作る、
飲むデザート

ヨーグルトシェイク3種

材料（各1杯分）

●バナナヨーグルトシェイク
ヨーグルト …………………… 100g
バナナ……………………………… 1/2本
バニラアイスクリーム ………… 25g

●オレンジヨーグルトシェイク
ヨーグルト …………………… 100g
オレンジジュース（100%）…… 1/4カップ
バニラアイスクリーム ………… 45g

●いちごヨーグルトシェイク
ヨーグルト …………………… 100g
いちご……………………………… 3粒
バニラアイスクリーム ………… 25g

作り方

材料をすべてミキサーに入れてシェイクする。

POINT
とにかくかんたんにできるシェイクです。アイスクリームが溶けないうちに手早く作りましょう。

大人カクテル、栄養もいっぱい!

ホエイカクテルソーダ

POINT
リキュールの代わりに、お好きなフルーツを漬けたシロップでも作れます。

材料(1杯分)

- ヨーグルトのホエイ ……20ml
- カシスリキュールまたはベリー系のフルーツソース ……40ml
- 炭酸水 …………1/2カップ
- 氷 ………………………適量

作り方

グラスに氷を適量入れ、カシスリキュールまたはベリー系のフルーツソース、ホエイ、炭酸水を注ぐ。

はちみつ&レモンにヨーグルトが合う!
レモンヨーグルトソーダ

材料(2杯分)

ヨーグルト　3/4カップ
●レモンのはちみつ漬け
[レモン……………1個
  はちみつ……大さじ5
炭酸水………1カップ

作り方

1 レモンはよく洗って厚さ5mmに切り、はちみつをかけて漬ける。さらっとした水分があがってきたらOK。
2 グラスにヨーグルトを入れ、レモンのスライスをのせ、1で出てきた水分を各大さじ2ほど注いで炭酸水で割る。

POINT
レモンをゆずに替えてもおいしいです。

ミルキーで繊細な泡を楽しんで

シュワシュワラッシー

材料（2杯分）

ヨーグルト ············· 100g
はちみつ ········ 小さじ2〜3
牛乳 ············· 1/2カップ
氷 ··················· 適量
炭酸水（加糖） ······· 1カップ

作り方

1 ヨーグルトにはちみつを加えて混ぜ、さらに牛乳を加えて混ぜる。
2 グラスに氷を入れて1を注ぎ、炭酸水を注いで軽く混ぜる。

POINT
分離しやすいので飲む直前に作りましょう。

トロピカルで辛い料理にもぴったり
マンゴーラッシー

POINT
ヨーグルトとフルーツジュースは相性がいいのでいろんなジュースで試してみて。

材料（1杯分）
ヨーグルト ………………… 75g
マンゴージュース …… 3/4カップ
氷 ………………………… 適量

作り方
ヨーグルトとマンゴージュースをよく混ぜ、氷の入ったグラスに注ぐ。

シュワ〜ッと広がるさわやかな酸味

梅酒ラッシー

材料（2杯分）

ヨーグルト	100g
梅酒	1/2カップ
炭酸水	1/2カップ
梅（梅酒に入っているもの）	2個
氷	適量

POINT
ヨーグルトと梅酒は混ざりにくいのでシェイカーを使います。なければミキサーで。

作り方

1 ヨーグルトと梅酒をシェイカーでシェイクする。
2 氷を入れたグラスに1を注いで炭酸水で割り、梅を添える。

体がぽかぽかするヘルシーワイン

ワインヨーグルト

材料（1杯分）

ヨーグルト……… 100g
赤ワイン ……… 大さじ2

作り方

グラスにヨーグルトを注ぐ。ヨーグルトの上に赤ワインを静かに注ぐ。

POINT

就寝前に飲むのがおすすめ。好みではちみつなどの甘味を加えてもよいでしょう。

POINT
ヨーグルトは火を
止めてから加える
のがポイントです。

酸味を効かせた夏のポタージュ

枝豆の冷製ヨーグルトスープ

材料（2人分）

ヨーグルト	250g
玉ねぎ	1/2個
枝豆	150g
オリーブオイル	大さじ1
牛乳	1カップ
生クリーム	1/2カップ
塩	少々
ヨーグルト（トッピング用）	適量
オリーブオイル（トッピング用）	適量
ミニトマト	1/2個

作り方

1 玉ねぎは薄切りにする。枝豆はかために茹でてさやから出す。
2 鍋にオリーブオイルを熱して玉ねぎを炒め、しんなりしたら枝豆と牛乳を加えて火を通す。
3 生クリームを加えてなじませ、火を止めてヨーグルトを加え、塩で味をととのえる。
4 粗熱が取れたらミキサーで撹拌し、冷蔵庫で冷やす。
5 器に注ぎ、トッピング用のヨーグルトとオリーブオイルをまわしかけ、へたを取ってスライスしたミニトマトを浮かべる。

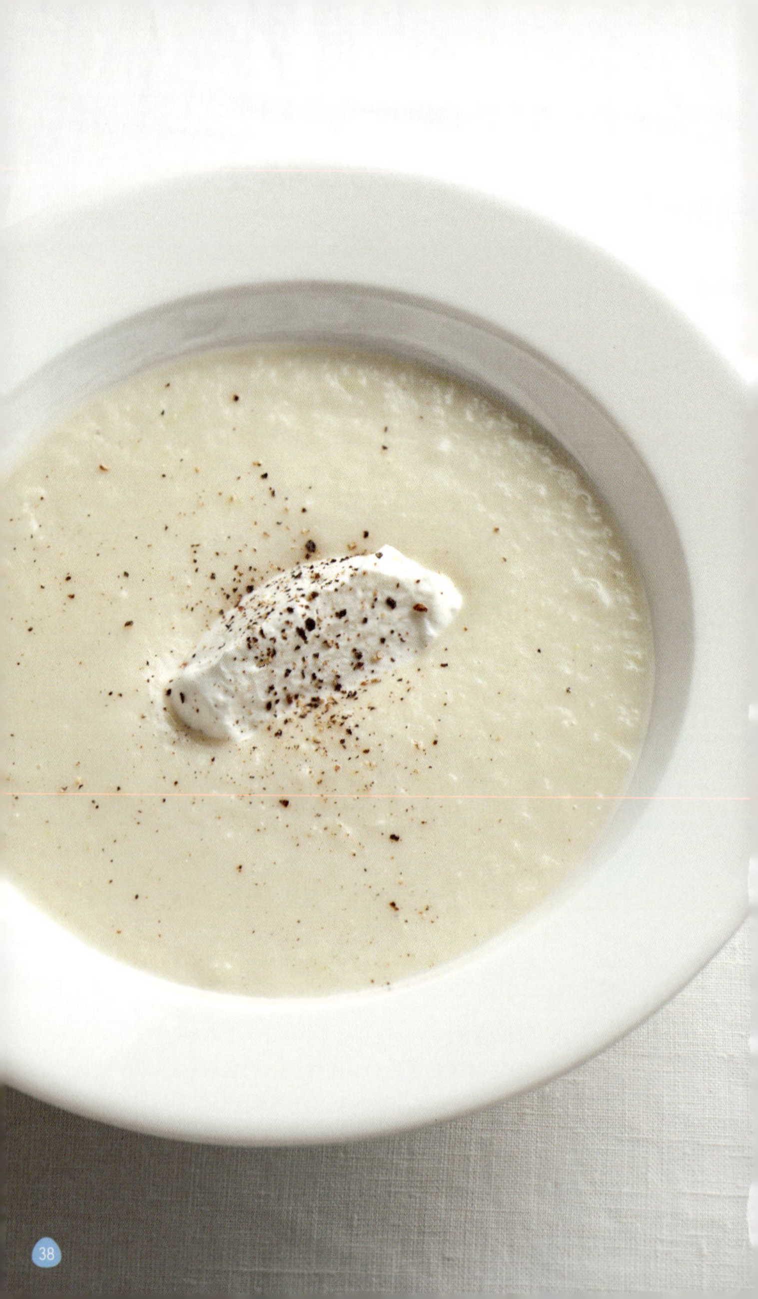

野菜の旨味をたたえたトロトロスープ

じゃがいもとねぎの クリームスープ

材料(2人分)

ひと晩ドリップヨーグルト	30g
じゃがいも	2個
長ねぎ	2本
バター	30g
水	1と1/2カップ
牛乳	1カップ
生クリーム	1/4カップ
塩、粗びき黒こしょう	各少々

作り方

1 じゃがいもは皮をむいて薄切りに、長ねぎは縦半分に切ってから薄切りにする。
2 バターで長ねぎを炒め、しんなりしたらじゃがいも、水、牛乳を加えてじゃがいもがやわらかくなるまで煮る。
3 生クリームを加えたら火を止め、塩で味をととのえる。
4 器に盛り、ドリップヨーグルトをトッピングして黒こしょうをふる。

POINT
野菜は煮崩れてしまってOK。とろっと仕上げます。じゃがいもはメークインがオススメ。

column

社員オススメの食べ方 ❹

電子レンジで手軽に作れる保存食
ホエイピクルス

ホエイが余ったら野菜を漬けてピクルスに。
ヨーグルトの乳酸菌が野菜にマッチし、
かんたんで即効でできるピクルスに。
作りおきしたい人にもぴったりの鮮やかなお漬物です。

材料

●ピクルス液
- ヨーグルトのホエイ ‥ 1/2カップ
- すし酢 ‥‥‥‥ 1/2カップ
- レモン汁 ‥‥‥‥ 大さじ1

- 赤パプリカ ‥‥‥‥‥ 1/2個
- 黄パプリカ ‥‥‥‥‥ 1/2個
- きゅうり ‥‥‥‥‥‥ 1/2本
- セロリ ‥‥‥‥‥‥‥ 1本
- ローリエ ‥‥‥‥‥‥ 1枚
- 乾燥赤唐辛子 ‥‥‥‥ 1本
- 塩 ‥‥‥‥‥‥‥‥‥ 少々
- 粒黒こしょう ‥‥‥‥ 20粒

作り方

1 パプリカは種を除き、ひと口大の乱切りにする。きゅうりは幅1cmの輪切り、セロリの茎は幅1cmの小口切りにし、セロリの葉は叩く。

2 耐熱のボウルにピクルス液の材料をすべて入れて混ぜ、ラップをして電子レンジで20秒加熱する。

3 2に1、ローリエ、切り込みを入れた乾燥赤唐辛子、塩、こしょうを入れ、ラップをして再度電子レンジで2分加熱する。

4 煮沸消毒した保存瓶に入れ、冷蔵庫で冷やす。

第 **3** 章

ディップ&サラダ

ヨーグルトは野菜をおいしくします。
ドリップヨーグルトはさまざまな
食材に合いますからディップにぴったり!
それぞれに、さらに味や香りをつけて
ほかの食材をおいしくする
名脇役に仕上げましょう。

ディップ4種

ハーブ&ガーリック

味噌

アボカド

ツナ

食欲を誘う香りがたまらない!
ハーブ&ガーリック

材料

3時間ドリップヨーグルト
　………………… 100g
にんにく ‥ 1/2片 (小さめ)
ディル ……… 1〜2枝
塩、黒こしょう …… 各少々

作り方

にんにくはすりおろし、ディルは細かく刻む。ドリップヨーグルトににんにくとディルを混ぜ、塩、黒こしょうで味をととのえる。

POINT ハーブはお好みでプラスして。

マヨ風味でトロトロおいしい
アボカド

材料

3時間ドリップヨーグルト
　………………… 100g
アボカド ………… 1/4個
Ⓐ マヨネーズ ……… 5g
　 レモン汁 ……… 適量
塩、黒こしょう …… 各少々

作り方

ドリップヨーグルトに潰したアボカド、Ⓐを混ぜ、塩、黒こしょうで味をととのえる。

POINT レモンは多めに加えると味が締まります。

発酵食品同士の相性を楽しんで
味噌

材料

3時間ドリップヨーグルト
　………………… 100g
味噌 ……………… 10g

作り方

ドリップヨーグルトに味噌を混ぜる。

POINT 好みの味噌でOK。赤味噌がオススメです。

常備缶詰でおしゃれなディップ!
ツナ

材料

3時間ドリップヨーグルト
　………………… 100g
ツナ ……… 1缶 (80g)
塩、黒こしょう …… 各少々

作り方

ドリップヨーグルトに軽く油を切ったツナを混ぜ、塩、黒こしょうで味をととのえる。

POINT ツナは油もおいしいので油を切りすぎないように。

キラキラポン酢ジュレは
どんなサラダにも！

ホエイのドレッシング
ジュレサラダ

材料（4人分）

- A
  - ヨーグルトのホエイ …… 1カップ
  - にんにく（すりおろし）… 1/4片分
  - ポン酢 …………………… 大さじ2
  - 塩 ………………………… 少々
- 板ゼラチン ………………… 9g
- 好みの温野菜 ……………… 適量

作り方

1 板ゼラチンは表示通りに水でふやかしておく。
2 Ⓐを鍋に入れてあたためてから火を止め、1のゼラチンを加えて木べらで混ぜながら余熱で溶かす。
3 ゼラチンが完全に溶けたら耐熱容器に流し入れ、冷蔵庫で冷やし固める。
4 温野菜を器に盛り、3をジュレ状に粗くほぐして添える。

POINT
サラダだけでなく、スープに浮かべたりお刺身などに添えても。

材料（4人分）

A:
- ヨーグルトのホエイ ‥ 大さじ3
- 白ワインビネガー …… 大さじ1
- 玉ねぎ（みじん切り）‥ 1/8個分
- オリーブオイル ……… 大さじ2
- 粉チーズ …………… 大さじ1
- 塩、こしょう ……… 各少々

レタスなどの葉野菜 ………適量
溶けるチーズ……………… 3枚

作り方

1 Ⓐをよく混ぜ合わせる。
2 葉野菜はちぎって冷水に放ち、水気を切っておく。
3 溶けるチーズは4等分し、オーブンシートにのせて電子レンジで1分10秒加熱し、そのまま冷ます。
4 器に2と3を盛り、1をかける。

簡単チーズせんべいがクリスピー

ホエイと玉ねぎ
ドレッシングサラダ

POINT
粉チーズをしっかり混ぜて乳化させるとまろやかなドレッシングになります。

ちょっぴりジャンクなコールスロー

カニカマの
さわやかカレーサラダ

材料(2人分)

A
- ヨーグルト･････････････････40g
- マヨネーズ･････････････････20g
- 粒マスタード･････････････小さじ1/2
- カレー粉･･･････････小さじ1/4〜1/2
- 塩･････････････････････････少々

キャベツ･･････････････････････3〜4枚
貝割れ菜･････････････････････1/2パック
風味かまぼこ (カニカマ)･･････････100g

作り方

1 Ⓐをよく混ぜ合わせる。
2 キャベツは太めの千切りにし、耐熱容器に入れてラップをかけ、電子レンジで1分30秒加熱する。
3 2の粗熱が取れたら水気を絞り、貝割れ菜、さいたカニカマと合わせ、1で和えて冷やす。

POINT
少量のカレー粉で後を引く味になります。

ヘルシーですっきりしたポテトサラダ

じゃがいものさっぱりサラダ

材料（2人分）

ヨーグルト	200g
じゃがいも	4個
玉ねぎ	1/2個
ツナ	1缶（80g）
塩、黒こしょう	各少々

作り方

1 じゃがいもは皮をむいてひと口大に切り、茹でる。
2 玉ねぎは粗みじん切りにし、1があたたかいうちに混ぜる。
3 ヨーグルト、油を軽く切ったツナを加えて和え、塩、黒こしょうで味をととのえる。

POINT

じゃがいもは水から、竹串がスーッと通るまで茹でます。

つぶつぶお豆をもりもりどうぞ

大豆のヨーグルトサラダ

材料（2人分）

ヨーグルト ………… 50g
玉ねぎ ………… 1/8個
大豆水煮（缶詰） … 120g
ツナ ………… 1缶（80g）
塩、こしょう ……… 各少々
セルフィーユ ……… 適量

作り方

1 ヨーグルト、みじん切りにした玉ねぎ、大豆水煮、油を軽く切ったツナを和える。
2 塩、こしょうで味をととのえ、器に盛ってセルフィーユを飾る。

POINT
味にパンチが欲しいときはマヨネーズを加えても。

にんにく風味で野菜をおいしく

ヨーグルトときゅうりのサラダ

POINT
水切りした豆腐やモッツァレラチーズを加えてもよく合います。

材料（2人分）

- Ⓐ
  - ヨーグルト ……………… 100g
  - オリーブオイル …… 大さじ2
  - レモン汁 ………… 大さじ1
  - にんにく（すりおろし）…1片分
  - 塩 …………………………… 少々
- ミニトマト ……………… 12個
- きゅうり ……………………… 1本
- ミントの葉 ………………… 適量

作り方

1 Ⓐをよく混ぜ合わせる。
2 ミニトマトはへたを取って縦半分に、きゅうりは幅1cmの半月切りにする。
3 1と2を和え、ミントを添える。

column

社員オススメの食べ方 ❺

ヘルシーでまろやかに
ヨーグルトMIXドレッシング

いつものドレッシングにヨーグルトをミックス。
酸味が少ない「小岩井 生乳100%ヨーグルト」ならまろやかな味に
生まれ変わります。カロリーが控え目になるのもポイントです。

中華ドレッシング
ごま油と酢がベースの味がまろやかに。ちょっと辛い味のドレッシングでも食べやすくなります。

ごまドレッシング
ごまの香ばしさはそのままに、とろみとほんの少しの酸味が。しゃぶしゃぶのごまだれにもなりそう。

ヨーグルト

フレンチドレッシング
白くてとろっとした状態はヨーグルトを加えても変わらず。でも同じ量ならカロリーはダウン！

和風ドレッシング
意外と合うのがしそ風味の和風。ヨーグルトの優しい酸味はしそともぴったりで、新しいおいしさに。

さまざまなドレッシングと混ぜても「合わない」というものは皆無。どのドレッシングもとろりとして野菜にからみやすく、さらに乳酸菌の酸味が野菜の味を際立たせてくれます。また、意外とカロリーの高いドレッシングの使用量を減らし、ヨーグルトを使うことでヘルシーになるのも大きな利点。手持ちのドレッシングに混ぜて使ってみて。

こちらはごまドレッシングと合わせたもの。どれもまろやかで野菜をおいしくします。

第4章

野菜や肉のおかず

ヨーグルトはデザートやドリンクだけではなく、
毎日のおかずにも使えることを忘れてはいけません。
ヨーグルトアレンジのソースはもちろん、
和え衣や生地、漬けるベースなどにも活躍するのです。
野菜や肉の味わいを引き出す
ヨーグルトの実力を堪能！

タンパク質も摂れるディッシュサラダ

鶏とキャベツの
ごまヨーグルト和え

材料（2人分）

- A
  - ヨーグルト ……………… 60g
  - ごまペースト ……… 大さじ1
  - コチュジャン ……… 小さじ2
  - 塩、砂糖 ……………… 各少々
- 鶏ささみ ………………… 120g
- キャベツ ………………… 3〜4枚

作り方

1. Ⓐをよく混ぜ合わせる。
2. 鶏ささみは筋を取って茹で、ほぐす。キャベツは太めの千切りにし、耐熱容器に入れてラップをかけ、電子レンジで1分30秒加熱する。
3. すべてを和える。

POINT
鶏ささみは切らずにほぐすとふんわり仕上がります。

材料（2人分）

- A
  - ヨーグルト　……………… 60g
  - 白味噌　…………………… 25g
- わかめ（戻したもの）……… 80g
- きゅうり　……………………… 60g
- 乾燥桜えび　………………… 適量

作り方

1. Ⓐをよく混ぜ合わせる。わかめは食べやすい大きさに切り、きゅうりは輪切りにする。
2. 桜えびと1を和える。

POINT
白味噌は京風の甘いものを使います。

まろやか簡単な和え衣に挑戦

わかめの
白味噌ヨーグルト和え

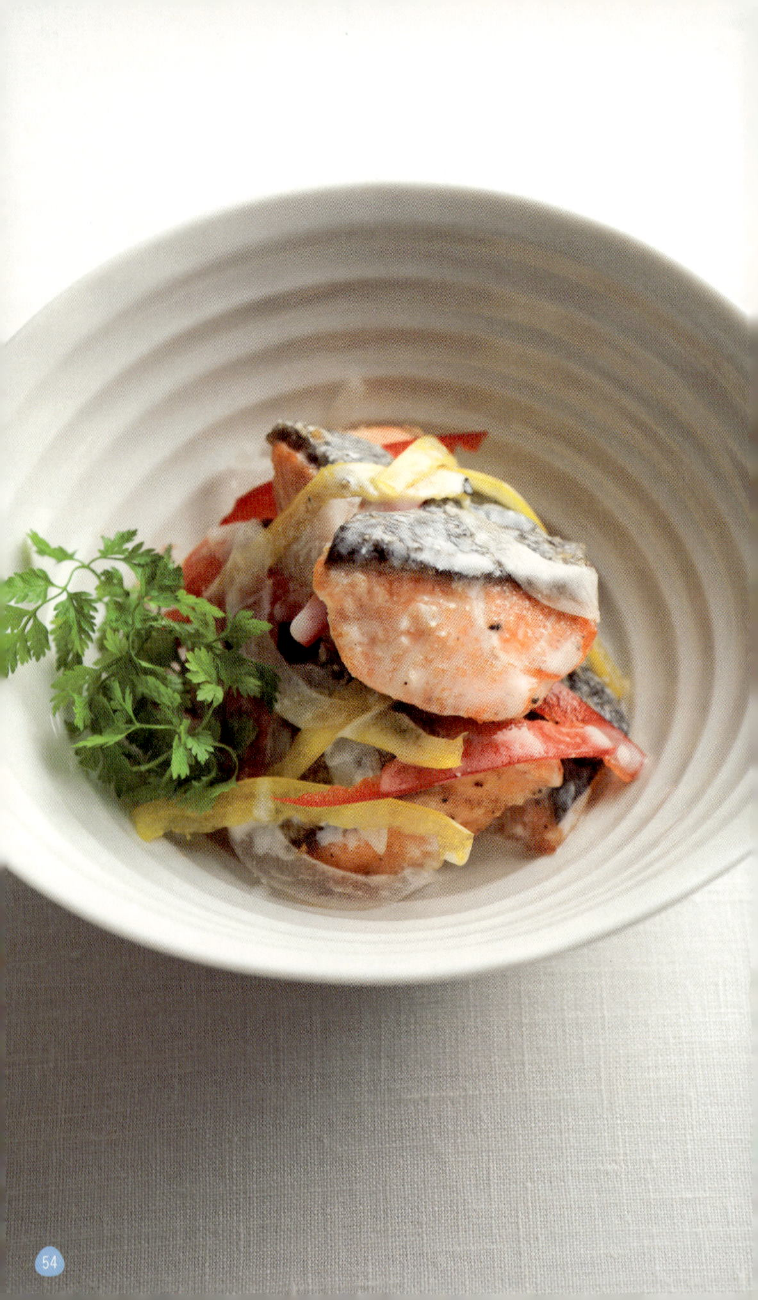

南蛮漬け風で常備菜としても活躍

サーモンの
さっぱりヨーグルトマリネ

材料（4人分）

ヨーグルト	90g
すし酢	60ml
塩	少々
赤パプリカ	1/4個
黄パプリカ	1/4個
玉ねぎ	1/4個
サーモンの切身	4切れ
小麦粉	適量
揚げ油	適量

作り方

1 すし酢に塩を加えて耐熱容器に入れ、ラップをかけずに電子レンジで30秒加熱し、塩を完全に溶かす。

2 パプリカ、玉ねぎは細切りにする。

3 サーモンは食べやすい大きさに切って塩をふり、キッチンペーパーで水気をふき取り、軽く小麦粉をまぶす。180℃の油で揚げる。

4 2と3をボウルに入れ、1、ヨーグルトを加えて混ぜ、30分以上浸す。

POINT
すし酢を使うことで甘さなどの調整は不要です。

ビストロの味も
ヨーグルトでヘルシーに

ドリップヨーグルトの
キッシュ

POINT
生地にフォークで穴を開けることで、膨らみ過ぎや縮みを防ぐことができます。

材料（直径18cmタルト型1台分）

ひと晩ドリップヨーグルト ……………… 80g	オリーブオイル ‥ 大さじ1
冷凍パイシート …… 2枚	冷凍ほうれん草 …… 50g
玉ねぎ …………… 1/2個	卵 ……………… 2個
にんにく ………… 1/2片	生クリーム …… 3/4カップ
ベーコン ………… 50g	塩、ナツメグ、こしょう
しめじ ………… 1パック	……………… 各少々
エリンギ ………… 2本	溶けるチーズ …… 20g

作り方

1 冷凍パイシートは3分ほど常温において解凍し、2枚を中央で重なるように台にのせ、薄く打ち粉をしながらのばして型に敷く。底にフォークでいくつか穴を開け、冷蔵庫に入れておく。

2 玉ねぎは薄切り、にんにくはみじん切り、ベーコンは幅1cmに切る。しめじはいしづきを落として手でほぐし、エリンギは縦半分に切ってから幅1cmに切る。

3 オリーブオイルでにんにくと玉ねぎをしんなりするまで炒める。ベーコンも加えて炒め合わせる。

4 強火にし、きのこ類、冷凍ほうれん草を順に加えて炒め合わせる。

5 ボウルに卵と生クリームを入れて混ぜ、塩とナツメグで味をととのえる。

6 1の生地に4を敷き詰めて5を流し込み、中央にスプーンでヨーグルトをのせる。

7 こしょうをふって溶けるチーズをのせ、200℃のオーブンで20〜30分焼く。

チーズとドリップヨーグルトでダブルのコク!

アスパラチーズの
オーブン焼き

材料（2人分）

ひと晩ドリップヨーグルト	100g
グリーンアスパラガス	8本
溶けるチーズ	20g
パン粉	大さじ1
塩	少々
黒こしょう	少々

POINT
オーブントースターで焼いてもOK。

作り方

1. アスパラガスはかたい部分を切り落とし、根元の皮を薄くむく。塩を入れた湯で茹で、水気を切っておく。
2. 耐熱容器にアスパラガスを並べ、塩を混ぜたドリップヨーグルト、溶けるチーズを順にのせ、パン粉をふる。
3. 240℃のオーブンで約4分、チーズが溶けてこんがりと焼き目がつくまで焼き、黒こしょうをふる。

忙しい日のレトルトカレーバリエーション

キャベツカレーチーズの重ね焼き

材料(2人分)
ヨーグルト ……… 50g
キャベツ ……3～4枚
レトルトカレー … 1パック
溶けるチーズ ……… 3枚

作り方
1 キャベツはざく切りにする。
2 レトルトカレーをあたため、ヨーグルトを混ぜる。
3 耐熱容器に各々1/3量のキャベツ、2、溶けるチーズの順で重ねていき、この手順を3回繰り返す。
4 オーブントースターでチーズに焦げ目がつくまで焼く。

POINT
ごはんに添えてカレーライスのようにするのもオススメ。

漬けてしっとりやわらかポークソテー

豚肉のソテー ヨーグルトソースがけ

材料（2人分）

- A
  - ヨーグルト ……………………………… 大さじ3
  - 粒マスタード …………………………… 大さじ3
  - にんにく（すりおろし）………………… 1/2片分
- 豚ロース肉 ………………………………… 2枚
- B
  - ヨーグルト ……………………………… 大さじ2
  - 粒マスタード …………………………… 大さじ1
  - 生クリーム ……………………………… 大さじ2
  - 塩 ………………………………………… 少々
- かぼちゃ …………………………………… 100g
- 生クリーム ………………………………… 大さじ1
- 塩 …………………………………………… 少々
- オリーブオイル …………………………… 大さじ1
- クレソン …………………………………… 適量

作り方

1 Aを保存袋に入れてなじませ、豚ロース肉を入れて3〜4時間漬け込む。

2 Bを鍋に入れてあたためながら混ぜ、ソースを作る。

3 かぼちゃは皮をむいてラップで包み、やわらかくなるまで電子レンジにかける。ざるでこし、生クリームを混ぜて塩で味をととのえる。

4 1の豚肉をキッチンペーパーでふいて、フライパンにオリーブオイルを熱し、両面を焼く。皿に盛り、2のソースをかけて3とクレソンを添える。

POINT
ひと晩ほど漬け込んでもおいしくできます。

チキンの弾力がアップしてジューシー！

鶏の和風ヨーグルト漬けグリル

材料（2人分）

Ⓐ
- ヨーグルト･････････････････80g
- にんにく（すりおろし）･････大さじ1
- しょうが（すりおろし）･････大さじ1
- しょうゆ･････････････････大さじ3
- ごま油･･･････････････････大さじ2

- 鶏もも肉･･････････････････････2枚
- 山椒粉･････････････････････････適量
- レモン･････････････････････････適量

作り方

1 保存袋にⒶを入れてなじませ、鶏もも肉を加えてひと晩漬け込む。
2 1の鶏肉をキッチンペーパーでふいて、ひと口大に切り、テフロン加工のフライパンで両面を焼く。
3 皿に盛り、山椒粉をふり、レモンを添える。

POINT
鶏肉は皮側から焼くとパリッとします。

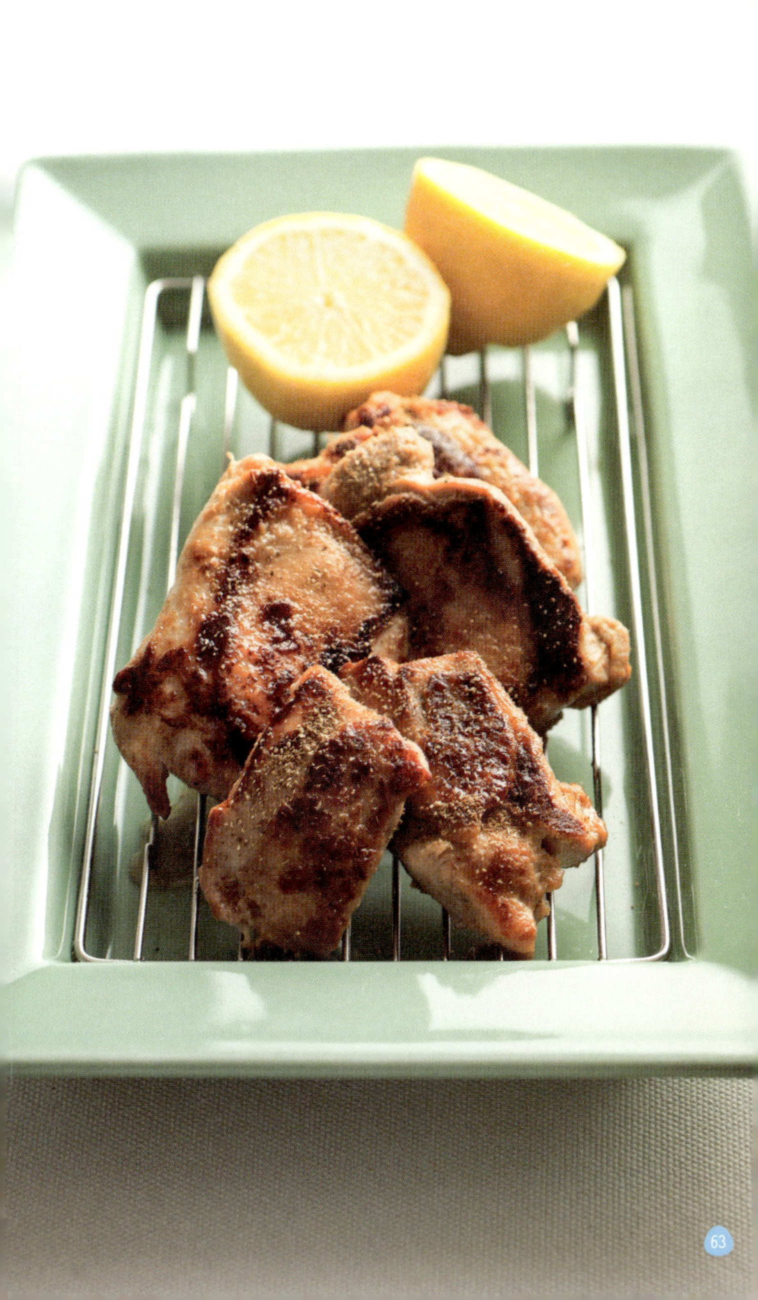

column

社員オススメの食べ方 ❻

やわらかジューシーに！
肉・魚のヨーグルト漬け

ヨーグルトに肉や魚を漬けておくとふっくらとやわらかくなり、さらにジューシーに。あとはグリルかフライパンで焼くだけです。ここではオススメの組み合わせである3つの味わいをご紹介！もちろんプレーンヨーグルトだけでもOKですよ。冷蔵庫にある材料で試してみてください。

魚の身もふっくら！
ヨーグルト＋味噌＋さわら

材料
- ヨーグルト ……… 100g
- 味噌 ……… 大さじ2
- さわらなどの白身魚 …… 2切れ

作り方
保存袋にヨーグルトと味噌を入れて混ぜる。
さわらを入れてなじませ、ひと晩漬け込む。

タンドリーチキンをイメージ
ヨーグルト＋カレー粉＋鶏もも肉

材料
- ヨーグルト ……… 100g
- カレー粉 …… 小さじ1/2
- 鶏もも肉 ……… 1枚

作り方
保存袋にヨーグルトとカレー粉を入れて混ぜる。
鶏もも肉を入れてなじませ、ひと晩漬け込む。

ちょっとフレンチっぽく
ヨーグルト＋粒マスタード＋豚ロース肉

材料
- ヨーグルト ……… 50g
- 粒マスタード ……… 50g
- 豚ロース肉（厚切り）… 1枚

作り方
ヨーグルトと粒マスタードを保存袋に入れて混ぜる。
豚ロースを入れてなじませ、ひと晩漬け込む。

第 5 章

ごはんもの

ヨーグルトと炭水化物の組み合わせは
「えっ?」と思うかもしれません。
でも、生クリームの代わりと考えれば
パスタやリゾットはお手のもの。
グラタンのベースや
サンドウィッチの下地と考えれば
「おいしそう!」となるのではありませんか?

POINT
水分量が少ないカレーなので、ルウは崩しながら加えて溶かします。

野菜の水分で作る旨味カレー
キーマカレー

材料（4〜5人分）

ヨーグルト	200g
玉ねぎ	大1個
パプリカ	1/2個
トマト	2個
なす	2本
サラダ油	大さじ1
合いびき肉	250g
カレールウ	1箱（5皿分）
ごはん	適量

作り方

1 玉ねぎ、パプリカはみじん切りに、トマトとなすは粗みじん切りにする。
2 フライパンにサラダ油を熱し、中火で玉ねぎをしんなりするまで炒める。合いびき肉、なす、パプリカを加え、ひき肉の色が変わるまで炒める。
3 トマトを加え、沸騰したら火を弱め、弱めの中火で10分ほど煮る。
4 いったん火を止め、カレールウを崩しながら加えて混ぜ、とろみがつくまで5分ほど煮込み、ヨーグルトを加えて混ぜる。
5 皿にごはんを盛り、4をかける。

POINT
ごはんを入れたら好みのとろみ加減になるまで煮詰めます。

まろやかなのにヘルシーなイタリアごはん

ヨーグルトの雑穀ホワイトリゾット

材料（2人分）

ヨーグルト	100g
玉ねぎ	1/2個
ベーコン	50g
サラダ油	小さじ1
牛乳	1カップ
雑穀ごはん	茶碗1杯分
粗びき黒こしょう	少々
オリーブオイル	適量
粉チーズ	適量
パセリ	適量

作り方

1 玉ねぎはみじん切り、ベーコンは幅1cmに切る。
2 フライパンにサラダ油を熱し1を炒める。牛乳を加え、煮立ってきたら雑穀ごはんを加えて混ぜながら煮る。
3 火を止め、ヨーグルトを加え、粗びき黒こしょうで味をととのえる。
4 器に盛り、オリーブオイル、粉チーズ、刻んだパセリをふる。

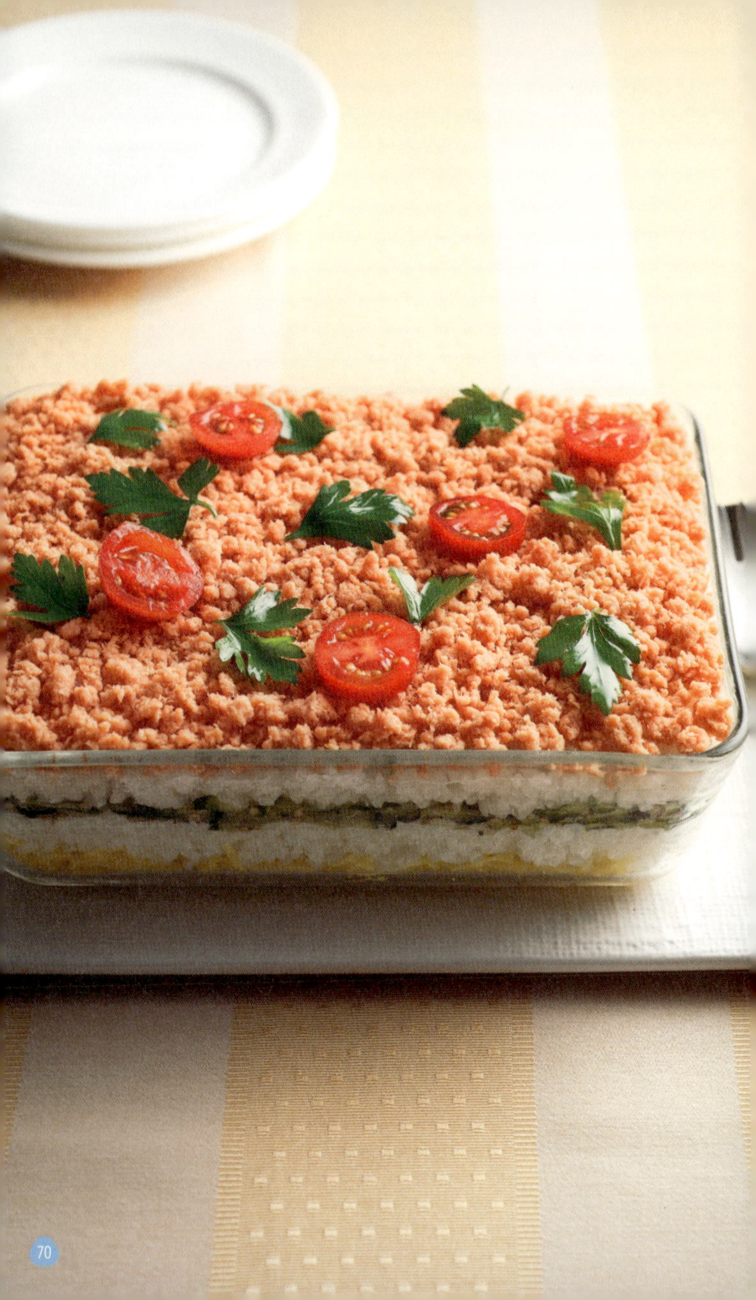

ヨーグルトの酸味を活かした洋風酢飯!

ヨーグルトちらし寿司

材料（4〜6人分）

ⓐ ┌ ヨーグルト	150g
└ すし酢	1/4カップ
ごはん	2合分
きゅうり	1本
塩	少々
白ごま	大さじ1
錦糸卵	40g
鮭フレーク	140g
ミニトマト、イタリアンパセリ	各適量

作り方

1 Ⓐを混ぜておき、炊きたてのごはんに混ぜ合わせる。
2 きゅうりは縦半分に切って斜め薄切りにし、塩もみして白ごまを和える。
3 透明の容器の底に錦糸卵を敷き、1の半量をのせる。
4 さらに2を広げ、残りの1を重ねる。表面に鮭フレークを広げる。
5 ミニトマトとイタリアンパセリを飾る。

POINT
「箱ずし」のように彩りよく重ねるのがポイントです。

夏に食べたくなる爽快スパゲッティ

冷製ヨーグルトパスタ

材料（2人分）

ヨーグルト	80g
スパゲッティ	180g
塩	適量
オリーブオイル	適量
シーフードミックス	140g
バジルペースト	大さじ2
黒こしょう	少々

作り方

1 スパゲッティは塩を加えた湯で表示通りに茹で、冷水に取って冷やす。水気を切ってオリーブオイルをまぶしておく。
2 シーフードミックスは茹でて水気を切り、冷やしておく。
3 ボウルにヨーグルトとバジルペーストを入れて混ぜ、1、2を入れて和える。
4 皿に盛り、黒こしょうをふる。

POINT
スパゲッティは冷やして締めるので少しやわらかめに茹でてもOK。

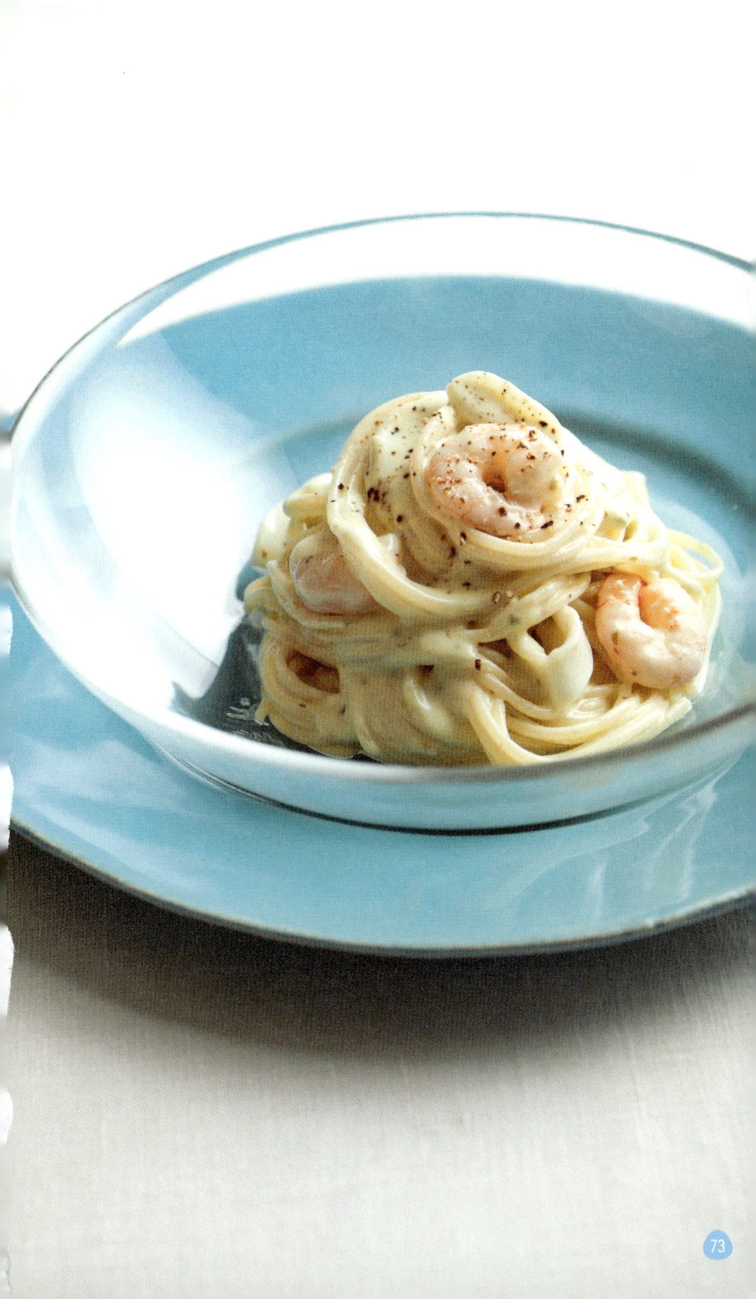

POINT
ヨーグルトは必ず火を止めてから加えます。

クリームパスタもヨーグルトで手軽に

ツナとトマトクリームパスタ

材料（2人分）

ヨーグルト	60g
玉ねぎ	1/2個
トマト	1個
スパゲッティ	180g
塩	適量
オリーブオイル	大さじ1
ツナ	80g
トマトピューレ	大さじ4
生クリーム	1カップ
塩	少々

作り方

1 玉ねぎはみじん切りに、トマトは湯むきをして1cm角に切る。

2 スパゲッティは塩を加えたお湯で表示通りに茹でる。

3 フライパンにオリーブオイルを熱し、玉ねぎをしんなりするまで炒める。ツナも加え、軽く炒める。

4 トマトピューレ、1のトマト、生クリームを加えて軽く煮詰めて火を止める。ヨーグルトを加えて塩で味をととのえ、スパゲッティを入れて和える。

POINT
ヨーグルトの酸味が、マンネリになりがちなそうめんメニューを目新しくしてくれます。

暑い時期に頼りたくなるそうめんの新テイスト

そうめんの 和風ヨーグルトソースがけ

材料（2人分）

Ⓐ	ヨーグルト	200g
	麺つゆ	大さじ2
	ごま油	大さじ2
	塩	少々
そうめん		2束
鶏ささみ		2本
トマト		1個
大葉		4枚
みょうが		1個
しょうが		1片

作り方

1 ボウルにⒶを混ぜ合わせ、たれを作っておく。

2 鶏ささみは筋を取って茹で、ほぐす。トマトは薄い輪切り、大葉、みょうが、しょうがは千切りにする。

3 そうめんは表示通りに茹で、冷水に取って水気を切る。

4 1のボウルにそうめんを入れて和え、皿に盛る。2の野菜を上に盛り、鶏ささみをのせて、ボウルに残ったたれをかける。

ほっくり甘い、
おやつみたいなひと皿です

かぼちゃとペンネのグラタン

材料（2人分）

ひと晩ドリップヨーグルト	80g
栗かぼちゃ	300g
玉ねぎ	1個
バター	20g
牛乳	1カップ
ペンネ	60g
塩	適量
溶けるチーズ	10g

作り方

1 かぼちゃは食べやすい大きさに切り、玉ねぎは薄切りにする。
2 鍋にバターを熱し、玉ねぎを炒める。牛乳、かぼちゃを加え、蓋をしてかぼちゃがやわらかくなるまで煮る。
3 ペンネは塩を加えた湯で表示通りに茹で、水気を切る。
4 耐熱容器に3のペンネを入れ、2をのせ、ドリップヨーグルトと溶けるチーズをのせる。
5 220℃にあたためたオーブンで15分ほど焼く。

POINT
栗かぼちゃはほっくりして甘味の強いかぼちゃです。

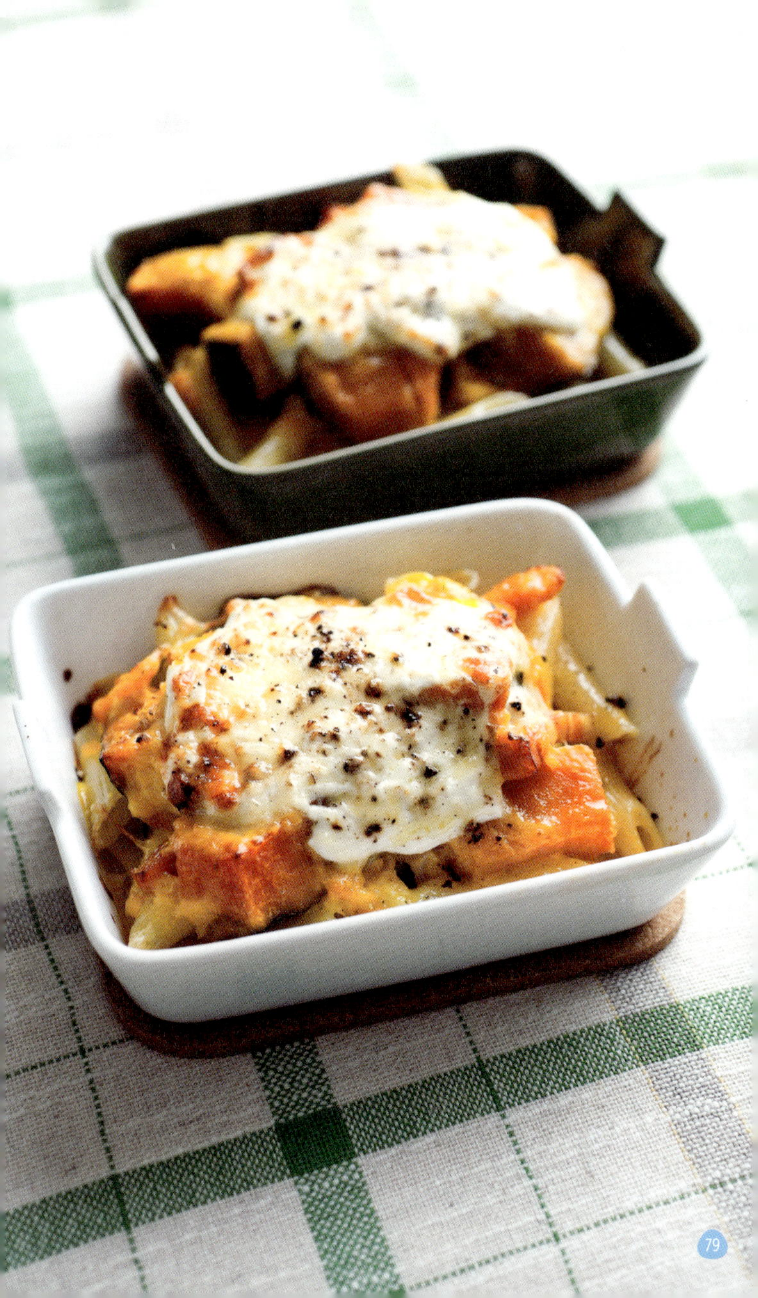

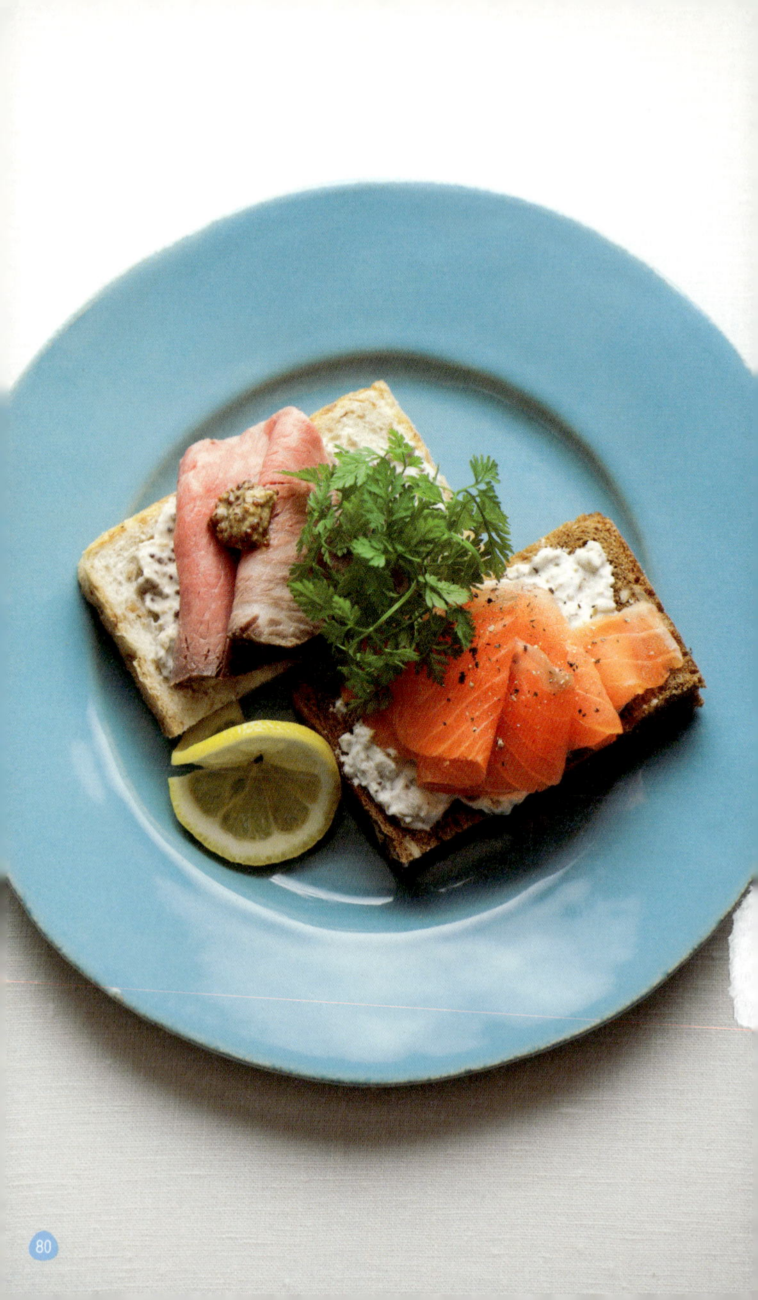

サンドウィッチ2種

水切りヨーグルトがクリームチーズのように大活躍
スモークサーモンのオープンサンド

材料(1人分)

ひと晩ドリップヨーグルト	10g
ケッパー	15粒
玉ねぎ	10g
レモン汁	適量
塩、黒こしょう	各少々
食パン	1/2枚
スモークサーモン	2枚

作り方

1 ケッパーと玉ねぎは細かいみじん切りにする。
2 ドリップヨーグルトに1、レモン汁、塩、黒こしょうを混ぜる。
3 食パンに2を塗り、スモークサーモンをのせる。

POINT
クラッカーなどに塗っても楽しめます。

リッチなサンドがますますパワーアップ
ローストビーフのオープンサンド

材料(1人分)

ひと晩ドリップヨーグルト	10g
粒マスタード	5g
食パン	1/2枚
ローストビーフ	1枚

作り方

1 ドリップヨーグルトに粒マスタードを混ぜる。
2 食パンに1を塗り、ローストビーフをのせる。

POINT
お好みでセルフィーユやレモンを添えましょう。

column

ヨーグルトが
できるまで

そもそもヨーグルトって、
どうやって作られているんでしょう。
こだわりの製法を採用している
「小岩井 生乳100%ヨーグルト」
の場合をご紹介。

生乳を
加熱殺菌
します

なまにゅう
生乳100%
です！

生乳に含まれる
栄養素
● 乳糖
● タンパク質
など

1. 新鮮な生乳を加熱殺菌

ヨーグルトの原材料は生乳と乳酸菌。牧場で搾られた新鮮な生乳を加熱殺菌して使います。ちなみに生乳はとてもデリケートで、季節によって脂肪分や風味が変わるため、発酵の調節が難しいもの。そのため生乳だけでヨーグルトを作るのは至難の業と言われていました。小岩井が生乳100%のヨーグルトを作ったのは、実は業界初の快挙だったのです。

【「生乳100%ヨーグルト」に入っている乳酸菌はこの三種類】

サーモフィラス菌
乳糖を分解して乳酸を作り、乳酸菌を増やす。

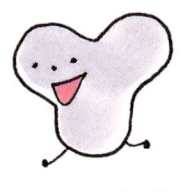

アシドフィラス菌
主に小腸で活躍している善玉菌。

ビフィズス菌
腸内環境を整えてくれる乳酸菌。酸に弱い。

発酵の仕組み

← 乳糖

生乳に含まれるタンパク質は、酸によって固まる性質があるため、乳酸ができると乳が固まってヨーグルトになります。

とろ〜り

乳酸菌は、乳糖を食べて仲間を増やします。このとき「乳酸」が作られます。

2.乳酸菌を加える

生乳に乳酸菌を加えると、乳に含まれる糖を分解して「乳酸」が作られる、いわゆる発酵が始まります。ヨーグルトの味を決めるのは、原材料の乳だけでなく、乳酸菌も大きな役目を果たします。ヨーグルトの味の違いは乳酸菌にあるといっても過言ではありません。小岩井の乳酸菌は「乳酸」を多く作らないタイプなので、酸味が抑えられ、まろやかな味になるのが特長です。

「生乳100%ヨーグルト」はタンクの中で発酵させる、前発酵製法です。

工場のとても大きなタンク*

適温でじっくり発酵します。

3.前発酵製法でじっくり発酵

小岩井乳業が採用している「前発酵製法」は、一般的に飲むヨーグルトなど、やわらかいタイプのヨーグルトに多く使われる製法です。原材料となる生乳と乳酸菌を大きなタンクに入れ、乳酸菌を増やすのに最適な温度に保ってじっくりと発酵させます。逆に「後発酵製法」では、乳酸菌を加えたら容器に充填し、最適な温度で3～5時間発酵させます。スプーンですくったときに角が残るようなハードタイプのヨーグルトができます。

発酵したヨーグルトを撹拌します。

フィルターを通して容器に充填します。

4. 撹拌してから充填

タンク内での発酵には半日以上かけます。ゆっくりと発酵が進むことでなめらかな口当たりで、発酵臭や酸味が抑えられたヨーグルトになります。できあがったヨーグルトはタンクの中で一回撹拌し、フィルターを通して容器に充填するため、なめらかな質感のままのヨーグルトをお届けできるのです。

パッケージは注ぎやすい三角形。

外周は平均的な女性の手の大きさに合わせて作られています。

スプーンを使わなくても注げます。

とろ〜り

生きて腸まで届くビフィズス菌も入ってるよ！

5.注ぎやすい三角パック

試行錯誤を重ねて作り出された「生乳100%ヨーグルト」。そのなめらかさを活かすため、パッケージにもこだわって研究・開発しました。それがスプーンなしで注げる三角形のパッケージです。また、三角形の角は、最後に残ったヨーグルトをスプーンですくう際の柄の角度に合わせて設計されています。

第 **6** 章

デザート

待ってました!
やはりヨーグルトはデザートにすると
幅広いアレンジができます。
夏にぴったりのひんやりデザートはもちろんですが、
焼き菓子の生地や和菓子のアレンジ、
さらにはホエイをシロップに使うこともできます。
ヨーグルトの独特の風味だからこそできる、
おいしくてヘルシーなデザートの世界をどうぞ!

かんたん過ぎる、夏の定番デザート！
ヨーグルトシャーベット2種

POINT
薄く凍った部分を細かくすることを繰り返します。

ブルーベリーシャーベット

材料（2人分）

ヨーグルト･･････････････････ 200g
ブルーベリージャム ･････････ 40g

オレンジシャーベット

材料（2人分）

ヨーグルト･･････････････････ 200g
オレンジマーマレード ･･･････ 40g

作り方

1 それぞれ材料を混ぜ、冷凍可能な容器に入れて冷凍庫に入れる。

2 2時間ごとにかき混ぜ、6時間ほど凍らせ、程よく固まったらできあがり。

さっぱりソースで食べるフルーツ&アイス
ヨーグルトパフェ

POINT
フルーツ・グラノーラがなければ好みのシリアルに替えても。

材料(1人分)
- 1時間ドリップヨーグルト … 大さじ3
- フルーツ・グラノーラ … 大さじ3
- バニラアイスクリーム … 1スクープ
- ブルーベリージャム … 大さじ1
- ブルーベリー、いちご、キウイ、オレンジなど好みのフルーツ … 各適量
- ミントの葉 … 適量

作り方
1 器にフルーツ・グラノーラ、ドリップヨーグルト、バニラアイスクリームを重ねて入れる。
2 ブルーベリージャム、フルーツ、ミントの葉をトッピングする。

ほろ苦オレンジを添えたひんやりゼリー

ヨーグルトゼリー オレンジ添え

材料(4人分)

Ⓐ ┌ ヨーグルト	400g
牛乳	1/4カップ
└ 粉砂糖	60g
板ゼラチン	6g
オレンジマーマレード	大さじ1
オレンジ	1個
ミントの葉	適量

作り方

1 板ゼラチンは表示通りに水でふやかしておく。
2 ボウルにⒶを入れてよく混ぜる。
3 1のゼラチンの水気を切り、耐熱容器に入れて電子レンジで数秒加熱して溶かし、2に少しずつ加えては混ぜる。
4 3をグラスに注ぎ入れ冷蔵庫で冷やし固める。
5 オレンジは小房にカットし、オレンジマーマレードと混ぜる。
6 4が固まったら5をトッピングし、ミントの葉を飾る。

POINT
オレンジにマーマレードをまぶすことでほろ苦く仕上がります。マーマレードがなくてもOK。

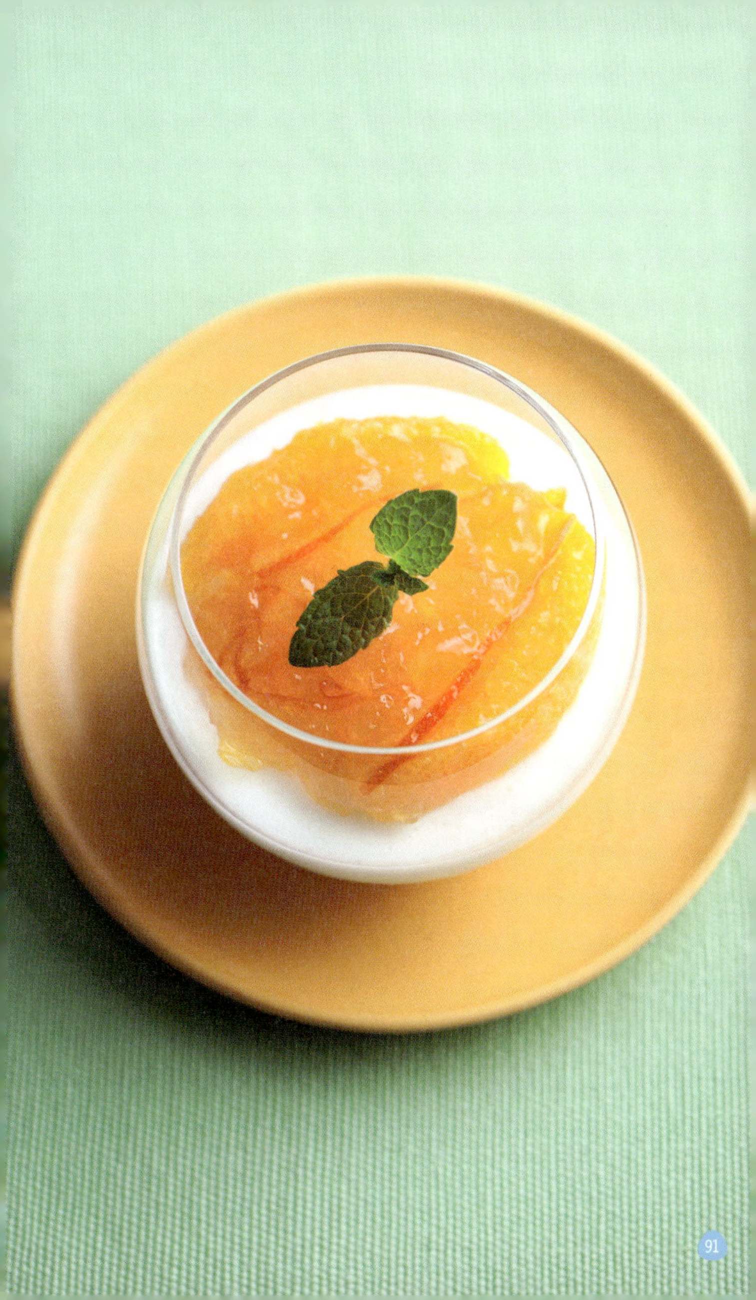

かんたん豪華なさっぱりパフェ
生乳(なまにゅう)トライフル

POINT
好みでアイスクリームを加えたり、シロップをかけても。ヨーグルトは生クリームの代わりになります。

材料（1人分）

3時間ドリップヨーグルト	大さじ4～5
カステラ	1切れ
キウイ	1/4個
いちご	2粒
ブルーベリー	適量

● カスタードクリーム（作りやすい分量）

卵	1個
砂糖	大さじ1
小麦粉	大さじ1
牛乳	120ml
バニラエッセンス	少々

作り方

1 カスタードクリームを作る。ボウルに卵を割り入れて砂糖を加え、泡立て器でよくほぐす。

2 小麦粉をふるい入れ、ダマにならないように混ぜながら牛乳を加える。

3 ラップをしないで電子レンジで2分加熱し、泡立て器でなめらかになるまで混ぜる。

4 再び電子レンジで40秒加熱してよく混ぜ、味見をして粉っぽければさらに10秒ずつ加熱して混ぜる。粗熱が取れたらバニラエッセンスを加える。

5 カステラ、キウイ、いちごを小さめに切る。

6 カップに4のカスタードクリームを適量入れ、その上に5とブルーベリーをのせる。

7 ドリップヨーグルトをのせる。

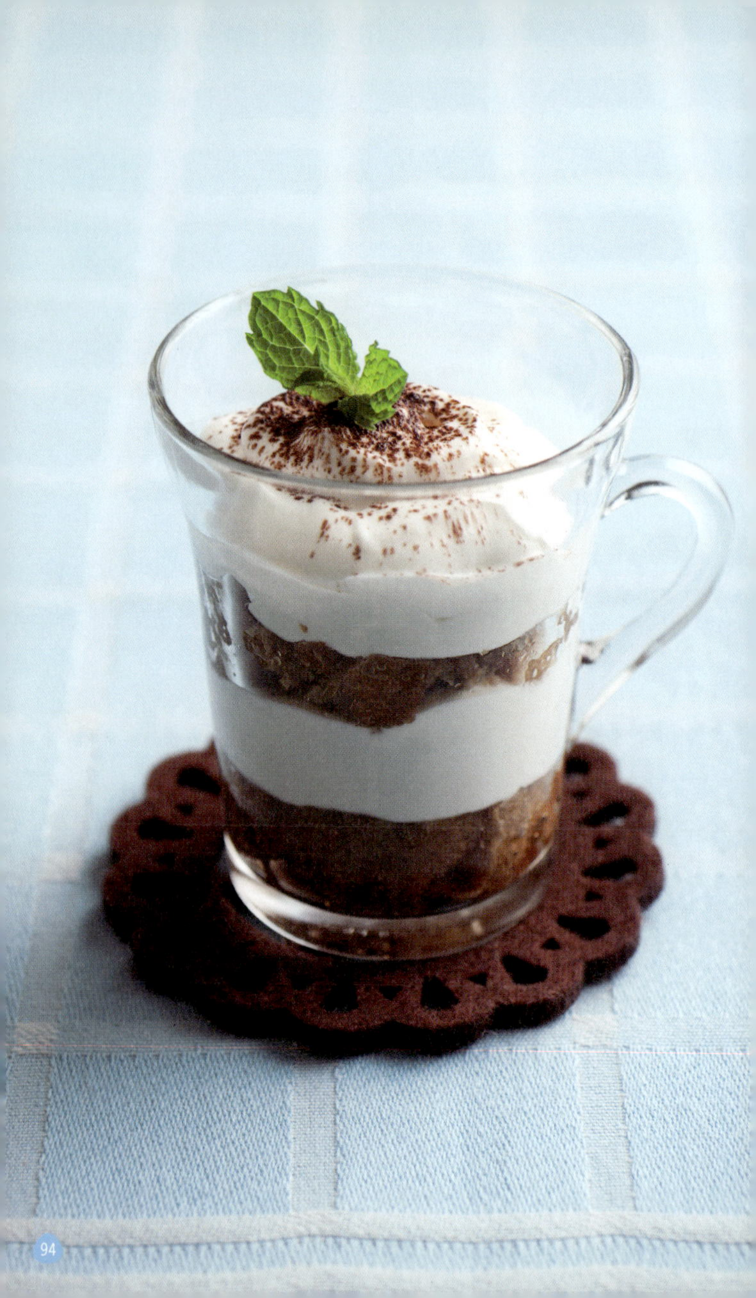

コーヒー味を効かせたビターなデザート

大人のヨーグルトティラミス

材料（2人分）

ひと晩ドリップヨーグルト	100g
カステラ	2切れ
湯	大さじ2
インスタントコーヒー	ティースプーン2杯
グラニュー糖	30g
生クリーム	40ml
ココアパウダー	適量
ミントの葉	適量

作り方

1 カステラを食べやすい大きさに切り、湯で溶かしたインスタントコーヒーに浸しておく。
2 ドリップヨーグルトにグラニュー糖と生クリームを加え、泡立て器でふんわりするまで混ぜる。
3 グラスふたつに1の1/4量ずつを入れ、2を1/4量ずつ重ねる。
4 同様に残りの1、2を重ねる。
5 食べる直前にココアパウダーをふり、ミントの葉を飾る。

POINT
ドリップヨーグルトと生クリームを一緒に泡立てることでヘルシーなクリームに。

マンゴーを飾ったシンプルなムース

さわやか
ヨーグルトムース

材料（28.5×11.5×7.5cmの型1台分）

ヨーグルト	300g
板ゼラチン	6g
粉砂糖	50g
レモン汁	小さじ2
生クリーム	1/2カップ
マンゴー	1個
ミントの葉	適量

作り方

1 板ゼラチンは表示通りに水でふやかしておく。

2 ヨーグルトにふるった粉砂糖を加えて混ぜ、レモン汁も加えて混ぜ合わせる。

3 生クリームを7分立てにする。

4 ゼラチンの水気を切り、耐熱容器に入れて電子レンジで数秒加熱して完全に溶かす。2を大さじ2加え、しっかりと混ぜてなじませてから、2に戻して混ぜ合わせる。

5 3を4に混ぜ、型に流し込んで冷蔵庫で1時間ほど冷やし固める。

6 5が固まったら角切りにしたマンゴー、ミントの葉を飾る。

> POINT
> 多めの液をゼラチンで固める場合は、少量の液とゼラチンを混ぜてからもとの液に混ぜるとしっかり混ざります。

重なる華やかな色合いを楽しんで

ゼリーとドリップヨーグルトの
ヴェリーヌ

POINT
固めるのを2段階にすることで2層のゼリーができあがります。

材料（グラス4個分）

3時間ドリップヨーグルト	120g
はちみつ	適量

●ゼリー

オレンジ	1/2個
ぶどう（巨峰など）	10粒
板ゼラチン	9g
オレンジジュース	250ml
グレープジュース	250ml
Ⓐ ヨーグルトのホエイ	180ml
Ⓐ 砂糖	50g
Ⓐ レモン汁	大さじ1

作り方

1 オレンジとぶどうは皮をむき、食べやすく切る。

2 板ゼラチンは3gずつ3つの器に分け、表示通りに水でふやかしておく。

3 鍋にオレンジジュースを入れてあたためて火を止め、ゼラチン3gを加えて余熱で溶かす。グレープジュースも同様にする。

4 3の粗熱が取れたら、ふたつのグラスにそれぞれ半分くらいの高さまで注ぎ、冷蔵庫で1時間以上冷やし固める。

5 鍋にⒶを入れてあたため、砂糖が溶けたら火を止め、ゼラチン3gを加えて余熱で溶かす。

6 4のゼリーの上にそれぞれのフルーツをのせる。

7 5の粗熱が取れたら6に注ぎ、冷蔵庫で1時間以上冷やし固める。

8 ドリップヨーグルトにはちみつを混ぜ、7にトッピングする。

材料（カップ2個分）

ひと晩ドリップヨーグルト	150g
砂糖	35g
レモン汁	大さじ1
ブルーベリージャム	大さじ1

作り方

1 ドリップヨーグルトに砂糖とレモン汁を混ぜる。
2 茶こしにガーゼを敷き、1の1/4量を入れて平らにならし、中央をくぼませてブルーベリージャムの半量を入れる。
3 さらに1の1/4量をのせてガーゼで包み、口を輪ゴムでとめる。同じようにもうひとつ作る。
4 冷蔵庫で2時間ほど冷やす。

POINT
中に入れるジャムはお好みで。酸味のあるものがオススメです。

ふわふわしたフランス菓子のような上品さ

ヨーグルトのクレームダンジュ風

野菜が主役のほっこりおやつ

ハニーベジフルの ヨーグルト添え

材料(2人分)
3時間ドリップヨーグルト	70g
紫いも	100g
かぼちゃ	100g
りんご	70g
はちみつ	大さじ1
シナモンパウダー	適量

作り方
1 紫いも、かぼちゃ、りんごは小さめのひと口大に切ってボウルに入れ、はちみつで和える。
2 1を耐熱容器に入れてラップをかけ、電子レンジで4分加熱する。
3 2を皿に盛り、ドリップヨーグルトを添え、シナモンパウダーをふる。

POINT
電子レンジの加熱時間は火の通り具合を見ながら調節してください。

材料（直径15cm丸型1台分）

ひと晩ドリップヨーグルト	400g
板ゼラチン	15g
ブラッククッキー	50g
バター	30g
Ⓐ 粉砂糖	80g
生クリーム	100g
Ⓑ 冷凍ミックスベリー	60g
水	大さじ4
砂糖	30g
レモン汁	小さじ2

作り方

1 型の底と周りにクッキングシートを敷く。板ゼラチンは9gと6gに分け、表示通りに水でふやかしておく。

2 フードプロセッサーに適当に割ったブラッククッキーと溶かしたバターを入れて細かく撹拌する。

3 2を型に入れ、スプーンの背でしっかりと押さえつけながら均一に敷き詰め、冷蔵庫で冷やす。

4 ドリップヨーグルトにⒶを加えて混ぜる。

5 1のゼラチン9gを湯煎にかけ、4を大さじ2加えてなじませる。

6 5を4に戻し入れて混ぜ、3に流し入れて冷蔵庫で30分ほど冷やし固める。

7 鍋にⒷを入れてあたため、砂糖が溶けたら火を止め、1のゼラチン6gを加えて混ぜる。底に氷水を当てて粗熱を取る。

8 6がしっかりと固まったら、7を流し込み、冷蔵庫で30分ほど冷やし固める。

香りも華やかな大人のためのひんやりケーキ

ヨーグルトケーキ
大人のベリー

POINT
お好みで、ヨーグルトにはバニラビーンズ、ベリーのゼリーにはキルシュを加えても。

103

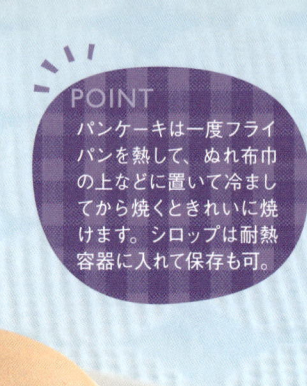

POINT

パンケーキは一度フライパンを熱して、ぬれ布巾の上などに置いて冷ましてから焼くときれいに焼けます。シロップは耐熱容器に入れて保存も可。

とってもヘルシーな手作りシロップ！

ホエイシロップの
パンケーキ

材料（4枚分）

3時間ドリップヨーグルト	40g
卵	1個
牛乳	1/2カップ
ホットケーキミックス	150g
サラダ油	適量

●ホエイシロップ（作りやすい分量）

ヨーグルトのホエイ	80ml
三温糖	35g

作り方

1 ホエイシロップを作る。小鍋にホエイの60mlと三温糖を入れ、混ぜながら強めの中火であたためる。泡が立って茶色っぽくなったら弱火にし、混ぜながら残りのホエイを少しずつ加え、好みの濃度になるまで煮つめる。

2 ボウルに卵と牛乳を混ぜ、ホットケーキミックスも加えて手早く混ぜる。

3 フライパンにサラダ油を薄くひき、パンケーキを4枚焼く。

4 皿に焼いたパンケーキを重ね、ホエイシロップを適量かけ、ドリップヨーグルトを添える。

和風の甘味にもヨーグルトが合う!
ホエイシロップの
フルーツあんみつ

材料(2人分)

3時間ドリップヨーグルト	80g
黄桃(缶詰)	1/4缶
キウイ	1/2個
パイナップル(缶詰)	スライス1枚
さくらんぼ	2個
市販の寒天、粒あん	各適量

●ホエイシロップ(作りやすい分量)

ヨーグルトのホエイ	80ml
三温糖	35g

作り方

1 P.105と同じやり方でホエイシロップを作る。
2 フルーツはそれぞれ食べやすい大きさに切る。
3 器にフルーツ、寒天、粒あんを盛り、ドリップヨーグルトをのせる。ホエイシロップを添え、好みでかけていただく。

POINT
フルーツはオレンジ、りんごなどでもよく合います。お好みでひと晩ドリップヨーグルトにしても。

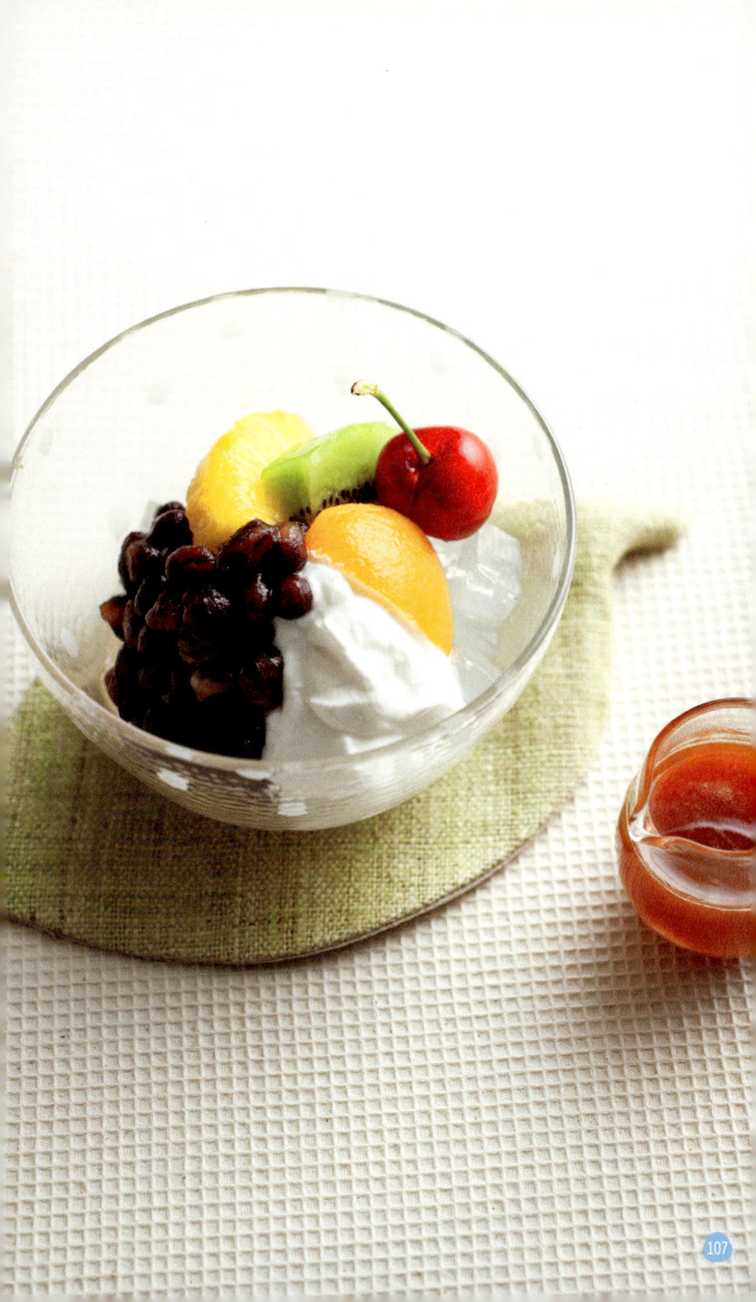

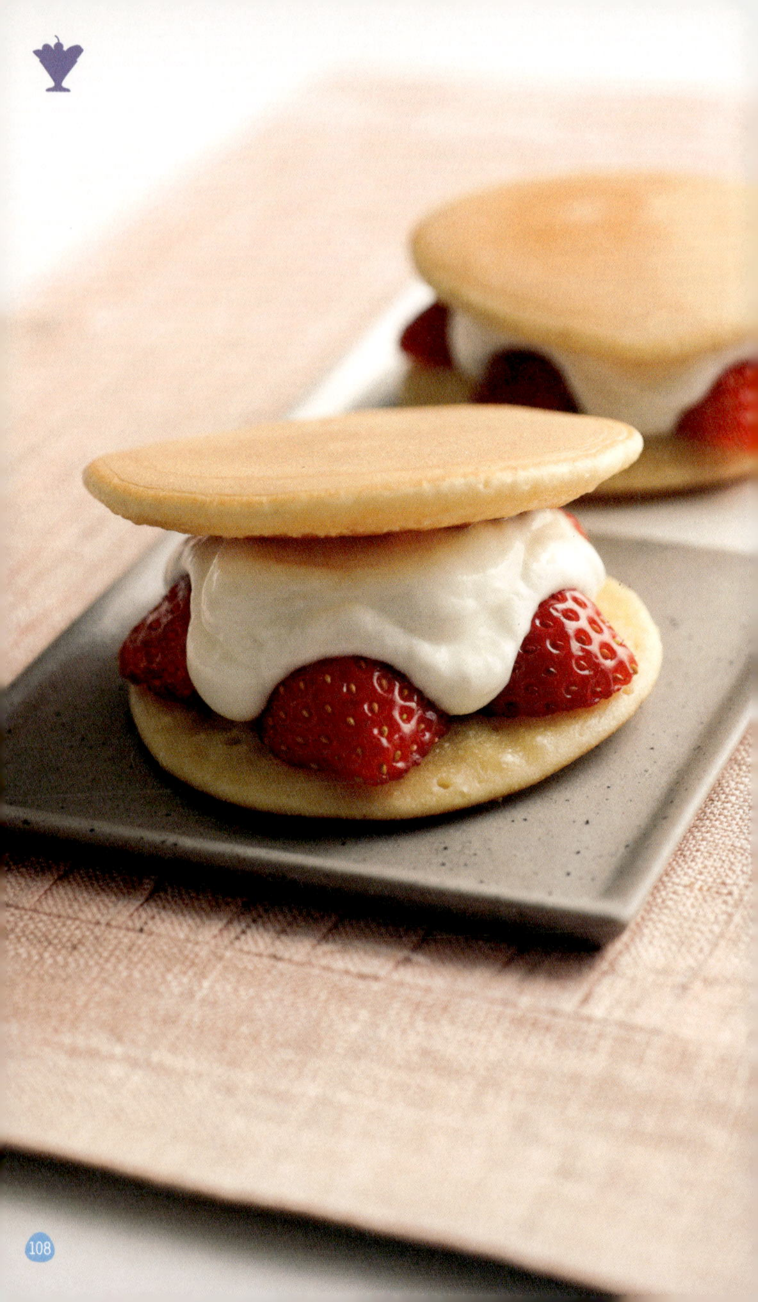

"生どら"をイメージしてフルーティに

ヨーグルトクリームの いちごどら焼き

材料（2人分）

ひと晩ドリップヨーグルト	150g
卵	1個
牛乳	1/2カップ
ホットケーキミックス	150g
サラダ油	少々
はちみつ	大さじ2
いちご	8個

作り方

1 ボウルに卵と牛乳を混ぜ、ホットケーキミックスを加えて手早く混ぜる。

2 フライパンにサラダ油を薄くひき、直径8〜10cmのホットケーキを8枚焼く。

3 ドリップヨーグルトにはちみつを混ぜ、へたを取って半分に切ったいちご2粒と一緒に2にはさむ。同様のやり方で4個作る。

POINT
いちごは大きければ半分に切って。ドリップはややかためのほうが食べやすくできます。

あんこをヨーグルトに替えた軽やか和菓子

黒豆の
ヨーグルト大福

材料（5個分）

ひと晩ドリップヨーグルト	150g
白玉粉	100g
砂糖（皮用）	70g
水	120ml
砂糖（ヨーグルト用）	30g
片栗粉	適量
黒豆煮	40粒

作り方

1 ボウルに白玉粉、砂糖を入れて混ぜ、水を少しずつ加えながらなめらかになるまで混ぜる。電子レンジで1分加熱し、よく混ぜる。

2 様子を見ながらさらに30秒加熱し、さらに練る。加熱と練りを3〜4回繰り返す。

3 片栗粉をふったバットの上に2を取り出し、5等分する。

4 ドリップヨーグルトに砂糖を加えて混ぜる。

5 3の粗熱が取れたら手に片栗粉をつけ、直径6cmほどの円状にのばし、4のドリップヨーグルトと黒豆煮8粒をのせて手早く包む。同様のやり方で5個作る。

POINT
白玉生地は透明感とコシが出るまで加熱し、練るのがポイントです。

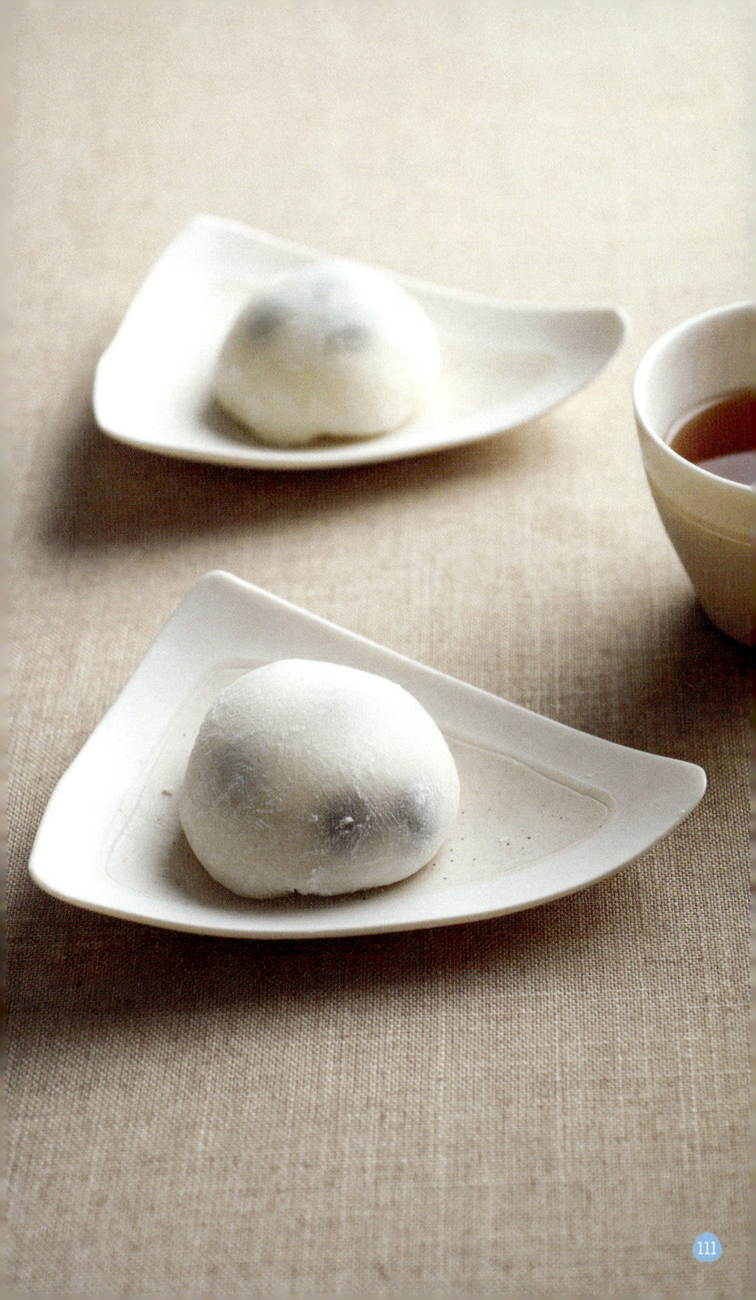

POINT
生地があたたかいとクリームが溶けてしまうので完全に冷めてからはさむこと。

ふんわりほろ苦なエレガントおやつ

キャラメルヨーグルトクリームのココアダックワーズ

材料（15個分）

- Ⓐ ひと晩ドリップヨーグルト ……………… 150g
- Ⓐ キャラメルソース ………………………… 大さじ1
- Ⓑ アーモンドパウダー ……………………… 80g
- Ⓑ 薄力粉 …………………………………… 10g
- Ⓑ ココアパウダー …………………………… 10g
- Ⓑ 粉砂糖 …………………………………… 35g
- 卵白 ………………………………………… 3個分
- 砂糖 ………………………………………… 30g

作り方

1 Ⓐをよく混ぜ、キャラメルヨーグルトクリームを作り、絞り袋に入れる。

2 Ⓑは合わせてふるっておく。

3 卵白に砂糖を3回に分けて加え、ハンドミキサーで泡立て、ピンと角が立つメレンゲを作る。

4 3に2を3回に分けて加え、泡を潰さないように注意しながらゴムべらで混ぜる。

5 4を直径1cmの口金をつけた絞り袋に入れる。クッキングシートを敷いた天板に直径3cmの大きさに絞り出す。間隔を開けて30個絞り、粉砂糖（分量外）をふる。

6 180℃のオーブンで15分焼き、網に移して冷ます。

7 完全に冷めたらキャラメルヨーグルトクリームをはさむ。

POINT
ヨーグルトを使うことで生地がしっとりと焼き上がります。

朝ごはんにも食べたいもっちりパン

ヨーグルト
おやつベーグル

材料（6個分）

ヨーグルト	180g
強力粉	300g
砂糖	15g
ドライイースト	4g
塩	3g
ひと晩ドリップヨーグルト	適量
好みのジャム	適量

作り方

1 ヨーグルトは耐熱容器に入れ、電子レンジで40秒加熱する。
2 ボウルに強力粉を入れて中央をくぼませ、砂糖、ドライイースト、塩、1のヨーグルトを入れてゴムべらで少しずつ粉をかき取るようにしながら混ぜ合わせる。まとまったら15分手でこねる。
3 生地を6等分して丸め、ぬれ布巾をかぶせて10分休ませる。
4 棒状にのばし、リング状に成形してしっかりと閉じ、生地が1.5倍の大きさになるまで30分休ませる。
5 沸騰した湯に4を入れ、片面1分ずつ茹でて水気を切り、天板に並べる。200℃のオーブンで15分焼き、網にのせて粗熱を取る。
6 横半分に切り、ドリップヨーグルトとジャムをはさむ。

甘酸っぱいりんごとの相性が抜群です
ヨーグルトポムポム

材料（直径18cmの丸型1台分）

ヨーグルト	200g
薄力粉	120g
ベーキングパウダー	4g
砂糖	70g
卵	2個
サラダ油	50g
●りんごのソテー	
りんご	2個
砂糖	30g
バター	30g

作り方

1 りんごのソテーを作る。りんごは洗い、1cm角に切る。フライパンを熱してバターを溶かし、りんごを入れて砂糖をふりかけ、りんごがしんなりするまで中火で炒める。バットに移して粗熱を取る。
2 薄力粉とベーキングパウダーを合わせてふるう。
3 ボウルに卵を溶きほぐして砂糖を加えて混ぜ、サラダ油も加えて混ぜる。
4 3に2を3回に分けて加え、そのつどよく混ぜる。ヨーグルト、1も加えて混ぜ、型に流し込む。
5 180℃のオーブンで40分焼く。網にのせ、粗熱が取れたら型からはずす。

> **POINT**
> 卵と粉は混ざりにくいので段階を分けてしっかりと混ぜ合わせます。

column

社員オススメの食べ方 ❼

カロリーダウンの かんたんフローズンヨーグルト
ヨーグルトMIXアイスクリーム

フローズンヨーグルトといえば、
ヘルシーで美容に気を使う女性に大人気のデザートです。
イチから作るのは時間がない、という人向けの
かんたんなフローズンヨーグルト風デザートを紹介します。
カロリー控えめで量が増えるのがうれしい！

材料
ヨーグルト …………………… 適量
お好みのアイスクリーム … ヨーグルトの倍量

作り方
1. アイスクリームは冷凍可能な容器に入れ、ヨーグルトを加える。
2. アイスクリームとヨーグルトをなじませる。
3. 冷凍庫に入れ、2時間ごとにかき混ぜ、程よく固まったらできあがり。

POINT
- ヨーグルトの分量は適当でOK。アイスクリームもあるもので試してみて。
- アイスクリームがかたくても、ヨーグルトをかけて混ぜれば自然にやわらかくなってなじみます。
- 凍らせる時間が待てない場合はさっと混ぜてすぐに食べても。

バニラ

ミルキーさを活かしたバニラアイスは「小岩井 生乳100%ヨーグルト」とよく合います。シンプルなフローズンヨーグルトの味わいがかんたんに完成！

チョコレート

まろやかなチョコレートの甘さがヨーグルトの酸味と意外な相性！ さっぱりして食べやすくなり、濃厚さが抑えられて夏っぽい味になります。

ストロベリー

いちごとヨーグルトの味はどちらも酸味があるので自然になじみます。いちごの果肉が入ったものであればよりおいしさが倍増。ジャムを少し加えても。

抹茶

ほろ苦い和の味とヨーグルトも好相性。濃厚な抹茶アイスなら、さっぱりして食べやすくなりそうです。抹茶にはない適度な酸味が抜群のおいしさ。

「小岩井」ってどんな会社？

小岩井乳業の「ものづくり」の原点である、
小岩井農場が創設されたのは1891年のことです。
不毛の原野を開拓し、豊かな農場をつくり上げました。
先人たちの志に支えられたその歴史を
ご紹介します。

小岩井農場HISTORY

「小岩井」という名称は、農場の開設に力を尽くした3人の名前の頭文字からとっています。その3人とは、日本鉄道会社の副社長（当時）だった小野義眞、三菱社社長の岩崎彌之助、鉄道庁長官の井上勝。最初に開墾の鍬が入れられたのは1891（明治24）年のことでした。

その頃の岩手山南麓の小岩井農場周辺は、火山灰土で冷たい西風が吹きすさぶ荒野。極度に痩せた酸性の土壌と湿地からなり、木一本生えない不毛の土地でした。そのため土壌の改良を行い、湿地に排水網を張り巡らせるとともに、自然の脅威から土地を守るため防風・防雪林を植え、土塁を築くなど、農場の基盤整備に数十年を要しました。1899（明治32）年、本格的に畜産を開始。その後、オランダなどから乳牛を輸入して品種改良を開始し、飲用乳、バター、チーズの製造にも着手しました。

日本鉄道会社副社長
小野義眞

三菱社社長
岩崎彌之助

鉄道庁長官
井上勝

とくに、1902(明治35)年から市販が開始された純良バター(醗酵バター)は、小岩井乳製品の原点ともいえる商品です。

小岩井のチャレンジ精神はヨーグルト開発にも！

小岩井の「生乳100％ヨーグルト」が発売されたのは1984(昭和59)年のこと。プレーンヨーグルトとしては後発でした。

それだけに、「ほかにはないヨーグルトを」「酸味が少なく、なめらかでおいしいヨーグルトを」作りたいという気持ちが強かったのです。

それまでのヨーグルトは原材料に脱脂粉乳やクリームを使ったものが主流で、生乳を100％使用しているものはありませんでした。そこで小岩井では、業界で初めて、生乳100％を使用、長時間タンク内で発酵を行う前発酵製法のプレーンヨーグルトを作り出したのです。

創業当時の開拓精神は、ここでも「今までにないヨーグルトを作る」というチャレンジにつながりました。

明治時代のバターのビン詰め作業

小岩井農場に現存する日本最古の煉瓦サイロ

小岩井の原点、純良バターのパッケージ移り変わり。左から、明治時代、昭和40年代、昭和50年代以降

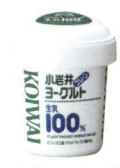

初代パッケージ

96年〜

04年〜

生乳100％ヨーグルトのパッケージの変遷。06年4月以降は現在のパッケージに。

商品ラインナップ

ヨーグルト

長時間"前発酵"製法のなめらかヨーグルト

前発酵とは…
タンクで発酵させてから容器に入れるタイプ。
なめらかさが特長です。

小岩井 生乳(なまにゅう)100%
ヨーグルト

小岩井 生乳(なまにゅう)100%
あまくないのむヨーグルト

生クリームをたっぷり使った"前発酵"の贅沢仕上げ

小岩井 プレミアムクリームヨーグルト
グルメファン

小岩井
贅沢生クリームヨーグルト
グルメファン

クリームのコクが自慢の"後発酵"ヨーグルト

後発酵とは…
原材料に乳酸菌を加え容器に入れた後に
発酵させるハードタイプです。

小岩井 まきばヨーグルト

小岩井 金色(こんじき)ヨーグルト[まきば]

現在、販売されているヨーグルト、牛乳、乳製品の一部をご紹介。
一度試してみたら、お気に入りが見つかるはず！

歴史と伝統のこだわりバター　　バター

小岩井 純良バター

小岩井 レーズンアンドバター

醗酵バターミルクで仕上げた香り豊かなマーガリン　　マーガリン

小岩井 マーガリン
【醗酵バター入り】

小岩井 マーガリン
【ヘルシータイプ】

醗酵バターで仕上げた香料不使用のバラエティチーズ　　オードブルチーズ

小岩井 オードブルチーズ

【サラミ】 　【アーモンド】 　【オニオン】 　【クリーミー】

ミルク感がおいしさの決め手　　ドリンク

小岩井 農場3.7牛乳 [特選]

小岩井 コーヒー

おわりに

　小岩井乳業は、「小岩井だからこそできること」「小岩井でないとできないこと」を掲げ、創業当時のチャレンジ精神を忘れずに、おいしさへの努力をつづけてきました。

　「小岩井 生乳100％ヨーグルト」もまさに、小岩井のものづくり精神のたまものです。小岩井ならではの長時間かけてじっくり発酵させる「前発酵製法」で、まろやかでなめらかなヨーグルトを作っています。半日以上かけ、発酵具合に目を配りながら最高の品質を守ってきています。

　2011年3月の東日本大震災では、直後にヨーグルト不足が騒がれました。その際も、独自のタンク内での長時間前発酵技術が功を奏し、我々の"ひとりでも多くのお客さまに商品をお届けしたい"という想いが実現。増産体制でお客さまにヨーグルトを提供しつづけることができました。

健康志向の高まりによりヨーグルトの需要はますます増えています。水切り（ドリップ）ヨーグルトなど、新しい楽しみ方も一般化してきました。もっともっと、ヨーグルトのさまざまな食べ方を知ってもらいたい。実はいろいろな料理にも使える食材だとわかってもらいたい。そんな気持ちを込めて、本書を作りました。

　私たちはヨーグルトを「我が子に食べさせる気持ち」で作っています。安全であることはもとより、食べやすく、そしておいしいヨーグルトです。

　本書を手に取ってくださったヨーグルト好きのみなさま。どうぞこれからも、いろいろな食べ方でヨーグルトを楽しんでください。

小岩井乳業株式会社　社員一同

INDEX

野菜

●枝豆
枝豆の冷製ヨーグルトスープ　36

●大葉
そうめんの和風ヨーグルトソースがけ　76

●貝割れ菜
カニカマのさわやかカレーサラダ　46

●かぼちゃ
豚肉のソテー　ヨーグルトソースがけ　60
かぼちゃとペンネのグラタン　78
ハニーベジフルのヨーグルト添え　101

●キャベツ
カニカマのさわやかカレーサラダ　46
鶏とキャベツのごまヨーグルト和え　52
キャベツカレーチーズの重ね焼き　59

●きゅうり
ホエイピクルス　40
ヨーグルトときゅうりのサラダ　49
わかめの白味噌ヨーグルト和え　53
ヨーグルトちらし寿司　70

●グリーンアスパラガス
アスパラチーズのオーブン焼き　58

●じゃがいも
じゃがいもとねぎのクリームスープ　38
じゃがいものさっぱりサラダ　47

●しょうが
鶏の和風ヨーグルト漬けグリル　62
そうめんの和風ヨーグルトソースがけ　76

●セロリ
ホエイピクルス　40

●玉ねぎ
枝豆の冷製ヨーグルトスープ　36
ホエイと玉ねぎドレッシングサラダ　45
じゃがいものさっぱりサラダ　47
大豆のヨーグルトサラダ　48
サーモンのさっぱりヨーグルトマリネ　54
ドリップヨーグルトのキッシュ　56
キーマカレー　66
ヨーグルトの雑穀ホワイトリゾット　68
ツナとトマトクリームパスタ　74
かぼちゃとペンネのグラタン　78
スモークサーモンのオープンサンド　80

●トマト
キーマカレー　66
ツナとトマトクリームパスタ　74
そうめんの和風ヨーグルトソースがけ　76

●長ねぎ
じゃがいもとねぎのクリームスープ　38

●なす
キーマカレー　66

●にんにく
ハーブ&ガーリックディップ　42
ホエイのドレッシングジュレやっこ　44
ヨーグルトときゅうりのサラダ　49
ドリップヨーグルトのキッシュ　56
豚肉のソテー　ヨーグルトソースがけ　60
鶏の和風ヨーグルト漬けグリル　62

●パプリカ
ホエイピクルス　40
サーモンのさっぱりヨーグルトマリネ　54
キーマカレー　66

●ほうれん草
ドリップヨーグルトのキッシュ　56

●ミニトマト
枝豆の冷製ヨーグルトスープ　36
ヨーグルトときゅうりのサラダ　49
ヨーグルトちらし寿司　70

●みょうが
そうめんの和風ヨーグルトソースがけ　76

●紫いも
ハニーベジフルのヨーグルト添え　101

●レタス
ホエイと玉ねぎドレッシングサラダ　45

きのこ

●エリンギ
ドリップヨーグルトのキッシュ　56

●しめじ
ドリップヨーグルトのキッシュ　56

フルーツ

●アボカド
アボカドディップ　42

●いちご
いちごヨーグルト　17
ヨーグルトフルーツフォンデュ　26
いちごヨーグルトシェイク　28
ヨーグルトパフェ　89
生乳トライフル　92
ヨーグルトクリームのいちごら焼き　108

●オレンジ
オレンジヨーグルト　17
オレンジヨーグルトシェイク　28
ヨーグルトパフェ　89
ヨーグルトゼリー　オレンジ添え　90
ゼリーとドリップヨーグルトのヴェリーヌ　98

●キウイ
キウイヨーグルト　16
ヨーグルトパフェ　89
生乳トライフル　92
ホエイシロップのフルーツあんみつ　106

●さくらんぼ
ヨーグルトフルーツフォンデュ　26
ホエイシロップのフルーツあんみつ　106

●パイナップル
パイナップルヨーグルト　19
ヨーグルトフルーツフォンデュ　26

●バナナ
バナナヨーグルト　21
バナナヨーグルトシェイク　28

●ぶどう
ゼリーとドリップヨーグルトのヴェリーヌ　98

●ブルーベリー
ヨーグルトパフェ　89
生乳トライフル　92

●マンゴー
ヨーグルトフルーツフォンデュ　26
さわやかヨーグルトムース　96

●ミックスベリー(冷凍)
ミックスベリーヨーグルト　20
ヨーグルトケーキ　大人のベリー　102

●りんご
りんごヨーグルト　19
ヨーグルトフルーツフォンデュ　26
ハニーベジフルのヨーグルト添え　101
ヨーグルトポムポム　116

●レモン
レモンヨーグルトソーダ　31

ドライフルーツ

●プルーン
プルーンヨーグルト　18

●ブルーベリー
ブルーベリー一夜漬け　24

●マンゴー
マンゴー一夜漬け　24

●ミックスフルーツ
ミックスフルーツ一夜漬け　24

●レモンピール
レモンピール一夜漬け　24

●レーズン
レーズン一夜漬け　24

肉

●合びき肉
キーマカレー　66

●鶏ささみ
鶏とキャベツのごまヨーグルト和え　52
そうめんの和風ヨーグルトソースがけ　76

●鶏もも肉
鶏の和風ヨーグルト漬けグリル　62
ヨーグルト+カレー粉+鶏もも肉漬け　64

●豚ロース肉
豚肉のソテー　ヨーグルトソースがけ　60
ヨーグルト+粒マスタード+豚ロース肉漬け　64

肉加工品

●ベーコン
ドリップヨーグルトのキッシュ　56
ヨーグルトの雑穀ホワイトリゾット　68

●ローストビーフ
ローストビーフのオープンサンド　80

魚介

●乾燥桜えび
わかめの白味噌ヨーグルト和え　53

●サーモン
サーモンのさっぱりヨーグルトマリネ　54

●さわら
ヨーグルト+味噌+さわら漬け　64

- ●シーフードミックス
  - 冷製ヨーグルトパスタ 72
- ●スモークサーモン
  - スモークサーモンのオープンサンド 80

卵
- ●錦糸卵
  - ヨーグルトちらし 70
- ●卵
  - ドリップヨーグルトのキッシュ 56
  - 生though トライフル 92
  - ホエイシロップのパンケーキ 104
  - ヨーグルトクリームのいちごどら焼き 108
  - ヨーグルトボムボム 116
- ●卵白
  - キャラメルヨーグルトクリームの
  - ココダックワーズ 112

乳製品
- ●牛乳
  - シュワシュワラッシー 32
  - 枝豆の冷製ヨーグルトスープ 36
  - じゃがいもとねぎのクリームスープ 38
  - ヨーグルトの雑穀ホワイトリゾット 68
  - かぼちゃとペンネのグラタン 78
  - ヨーグルトゼリー オレンジ添え 90
  - 生クリームトライフル 92
  - ホエイシロップのパンケーキ 104
  - ヨーグルトクリームのいちごどら焼き 108
- ●粉チーズ
  - ホエイと玉ねぎドレッシングサラダ 45
  - ヨーグルトの雑穀ホワイトリゾット 68
- ●ストロベリーアイスクリーム
  - 冷製ヨーグルトパスタ 72
  - ヨーグルトMIXストロベリーアイスクリーム 119
- ●チョコレートアイスクリーム
  - ヨーグルトMIXストロベリーアイスクリーム 119
- ●溶けるチーズ
  - ドリップヨーグルトのキッシュ 56
  - アスパラチーズのオーブン焼き 58
  - キャベツカレーチーズの重ね焼き 59
  - かぼちゃとペンネのグラタン 78
- ●生クリーム
  - 枝豆の冷製ヨーグルトスープ 36
  - じゃがいもとねぎのクリームスープ 38
  - ドリップヨーグルトのキッシュ 56
  - 豚肉のソテー ヨーグルトソースがけ 60
  - ツナとトマトクリームパスタ 74
  - 大人のヨーグルトティラミス 94
  - さわやかヨーグルトムース 96
  - ヨーグルトケーキ 大人のベリー 102
- ●バニラアイスクリーム
  - バナナヨーグルトシェイク 28
  - いちごヨーグルトシェイク 28
  - オレンジヨーグルトシェイク 28
  - ヨーグルトパフェ 89
  - ヨーグルトMIXバニラアイスクリーム 119
- ●抹茶アイスクリーム
  - ヨーグルトMIX抹茶アイスクリーム 119

缶詰・びん詰
- ●黄桃
  - ホエイシロップのフルーツあんみつ 106

- ●ケッパー
  - スモークサーモンのオープンサンド 80
- ●鮭フレーク
  - ヨーグルトちらし寿司 70
- ●大豆水煮
  - 大豆のヨーグルトサラダ 48
- ●ツナ
  - ツナディップ 42
  - じゃがいものさっぱりサラダ 47
  - 大豆のヨーグルトサラダ 48
  - ツナとトマトクリームパスタ 74
- ●パイナップル
  - ホエイシロップのフルーツあんみつ 106
- ●風味かまぼこ（カニカマ）
  - カニカマのさわやかカレーサラダ 46

ごはん
- ●ごはん
  - キーマカレー 66
  - ヨーグルトちらし寿司 70
- ●雑穀ごはん
  - ヨーグルトの雑穀ホワイトリゾット 68

パン
- ●食パン
  - スモークサーモンのオープンサンド 80
  - ローストビーフのオープンサンド 80

麺
- ●スパゲッティ
  - 冷製ヨーグルトパスタ 72
  - ツナとトマトクリームパスタ 74
- ●そうめん
  - そうめんの和風ヨーグルトソースがけ 76
- ●ペンネ
  - かぼちゃとペンネのグラタン 78

飲料
- ●赤ワイン
  - ワインヨーグルト 35
- ●インスタントコーヒー
  - 大人のヨーグルトティラミス 94
- ●梅酒
  - 梅酒ラッシー 34
- ●オレンジジュース
  - オレンジヨーグルトシェイク 28
  - ゼリーとドリップヨーグルトのヴェリーヌ 98
- ●カシスリキュール
  - ホエイカクテルソーダ 30
- ●グレープジュース
  - ゼリーとドリップヨーグルトのヴェリーヌ 98
- ●炭酸水
  - ホエイカクテルソーダ 30
  - レモンヨーグルトソーダ 31
  - シュワシュワラッシー 32
  - 梅酒ラッシー 34

- ●マンゴージュース
  - マンゴーラッシー 33

その他
- ●アーモンドパウダー
  - キャラメルヨーグルトクリームの
  - ココダックワーズ 112
- ●オレンジマーマレード
  - オレンジシャーベット 88
  - ヨーグルトゼリー オレンジ添え 90
- ●カステラ
  - 生クリームトライフル 92
  - 大人のヨーグルトティラミス 94
- ●寒天
  - ホエイフルーツフォンデュ 26
- ●きなこ
  - きなこヨーグルト 22
- ●キャラメルソース
  - キャラメルヨーグルトクリームの
  - ココダックワーズ 112
- ●強力粉
  - ヨーグルトおやつベーグル 114
- ●黒豆
  - 黒豆ヨーグルト 22
  - 黒豆のヨーグルト大福 110
- ●白玉粉
  - 黒豆のヨーグルト大福 110
- ●粒あん
  - ホエイシロップのフルーツあんみつ 106
- ●薄力粉
  - キャラメルヨーグルトクリームの
  - ココダックワーズ 112
- ●はちみつ
  - はちみつヨーグルト 21
  - レモンヨーグルトソーダ 31
  - シュワシュワラッシー 32
  - ゼリーとドリップヨーグルトのヴェリーヌ 98
  - ハニーベジブルのヨーグルト添え 101
  - ヨーグルトクリームのいちごどら焼き 108
- ●ブラッククッキー
  - ヨーグルトケーキ 大人のベリー 102
- ●フルーツ・グラノーラ
  - フルーツ・グラノーラヨーグルト 23
  - ヨーグルトパフェ 89
- ●ブルーベリージャム
  - ブルーベリーシャーベット 88
  - ヨーグルトパフェ 89
  - ヨーグルトのクレームダンジュ風 100
- ●ホットケーキミックス
  - ホエイシロップのパンケーキ 104
  - ヨーグルトクリームのいちごどら焼き 108
- ●レトルトカレー
  - キャベツカレーチーズの重ね焼き 59
- ●わかめ
  - わかめの白味噌ヨーグルト和え 53

STAFF

- 撮影 ──── 竹内章雄
- フードコーディネイト・スタイリング
  　　　　　　　沢　亜紀（アトリエじゅうろく）
  　　　　　　　疋田めぐみ（アトリエじゅうろく）
  　　　　　　　河野香織
  　　　　　　　小野寺真弓
  　　　　　　　稲田美穂
- メニュー構成・文　　北條芽以
- デザイン ──── 横山　勝
- 校正 ──── 鈴木初江
- 編集 ──── 川上隆子（ワニブックス）

乳酸菌でまろやかヘルシー！
小岩井ヨーグルトレシピ

監修　　小岩井乳業株式会社

2012年8月17日　初版発行

発行者　　横内正昭
編集人　　青柳有紀
発行所　　株式会社ワニブックス
　　　　　〒150-8482
　　　　　東京都渋谷区恵比寿 4-4-9　えびす大黒ビル
電話　　　03-5449-2711(代表)
　　　　　03-5449-2716(編集部)

印刷所　　凸版印刷
製本所　　ナショナル製本

定価はカバーに表示してあります。
落丁・乱丁の場合は小社管理部宛にお送りください。送料は小社負担でお取り替えいたします。ただし、古書店等で購入したものに関してはお取り替えできません。
本書の一部、または全部を無断で複写・複製することは法律で認められた範囲を除いて禁じられています。

© 小岩井乳業株式会社 2012
ISBN978-4-8470-9095-0
ワニブックスホームページ　http://www.wani.co.jp/

※本書に掲載されている情報は 2012 年 7 月時点のものです。
掲載されている情報は変更になる場合もございます。